創価学会の〝変貌〟

柿田睦夫
Kakita Mutuo

新日本出版社

創価学会の〝変貌〟　目次

第3弾

２０１６年「創価学会仏」＝未来の経典の謎　66

——ポスト池田の〝組織本仏〟——

第4弾

２０１７年「会憲」の制定　74

——ＳＧＩ統合と会長権限強化——

プロローグ

池田大作氏が姿を見せなくなってから、今年（２０１８年）５月でまる8年になる。聖教新聞には思いだしたように香峯子《かねこ》夫人とのツーショットが載るけれど、イスに座る姿や読経姿で、まるで動きがない。脳梗塞説が有力だが定かでない。創価学会では「先生はお元気」ということになっているからだ。90歳になったいまも創価学会名誉会長でＳＧＩ（創価学会インタナショナル）会長だけれど、組織内では肩書き抜きで「先生」と呼ばれるようになっている。

２０１０年５月14日付聖教新聞は、中国・清華《せいか》大学が池田氏に贈った「名誉教授」の授与式を大きく伝えた。これを最後に、池田氏の動静が途絶えた。ほぼ半月後の６月３日の創価学会第41回本部幹部会にも、池田氏は出ていない。この会議は、参院選挙直前の幹部会である。通例なら、池田スピーチで檄をとばし、翌日の聖教新聞にそれが載るはずだ。

本部幹部会で、原田稔会長が「昨夜、本日の本部幹部会について、池田先生からご指導がありました」と述べ、その〝指導〟をこう伝えた（聖教新聞10年6月4日付）。

「明日の本部幹部会については、弟子の君たちが、団結して、しっかりやりなさい。皆が、創価学会のすべての責任を担って戦う時が来ているのである。学会の将来にとって、今が一番大事な時である」

「ゆえに、私を頼るのではなく、君たちが全責任をもって、やる時代である。私は、これからも君たちを見守っているから、安心して、総力を挙げて広宣流布《こうせんるふ》を推進しなさい」

ここでいう「広宣流布」とは間近に迫った「選挙」のことだ。創価学会は選挙を「広宣流布の戦い」と呼び、国政選挙の比例票を「広宣流布のバロメーター」と位置づける。初めて〝池田ぬき〟の選挙をすることになった原田会長は「あとは本門の池田門下が、どう実践するかです。戦いと行動あるのみです」と奮起を促した。

この参院選挙を、創価学会は組織戦に徹した。その結果、比例区で７６３万票と07年参院選（７７６万票）の水準を維持し、選挙区も東京、大阪の現職区に加え、埼玉の議席も回復した。

それでも池田氏は姿を現わさない。恒例の軽井沢夏季研修会も中止された。池田氏の避暑にあわせて学会や公明党の幹部が伺候《しこう》する集まりだ。池田氏はこれに出ることもかなわなかったのだ。――〝消息不明〟はつづく。

真相の一端は意外なところから露呈した。この年の10月14日、コートジボアール共和国から贈られた「勲章」の授与式を欠席。これについて同国大使館が、メディアの取材にこうコメントしたのだ（『週刊現代』10年11月6日号）。

「池田氏は授章のセレモニーを欠席されました。大使館としては、ぜひ出席していただくよう前々からお願いしていたのですが、1ヵ月ほど前に創価学会側から『体調不良のため出席できない』と連絡がありました」

これで初めて、池田氏は授章式にも出られないほどの「体調不良」だということが公式に確認された。すると創価学会に新たな対応があった。

米国のマサチューセッツ大学ボストン校が池田氏に「名誉人文博士号」を贈呈し、その授与式が11月21日、東京・信濃町の学会施設であった。これに池田夫妻が出席し、翌日の聖教新聞が写真2枚を使って1面で大きく伝え、池田健在をアピールしたのだ。

豪華な肘掛け椅子に座り片手を上げているだけの写真なのだが、6ヵ月ぶりのリアルタイムの写真には違いない。これで池田氏はかなりの「体調不良」ではあるけれど、少なくとも重篤な状況ではない、もしくは重篤状態ではなくなったことが推測された。

創価学会はいまなお「先生はお元気」といいつづける。朝日新聞２０１６年９月22日付の特集「創価学会はどこへ」でも、原田会長はインタビューにこう答えている。

――池田大作名誉会長は88歳。最近は表立った活動を控えています。体調はいかがですか。

「元気にしておりますよ。執筆活動などに専念しています」

――最近はいつ会いましたか。

「ええ、この夏の研修で」

――重要な判断も可能なのですか。

「もちろんです。ただ、数年前からは、基本的に運営は執行部に託し、見守っています」

創価学会はなぜ「先生はお元気」と言いつづけなければならないのか。言いつづける裏で何がどう進行しているのか。それが本書の主要なテーマである。

実は、池田氏が姿を見せなくなってから4ヵ月後の9月4日に開催された第42回本部幹部会で、原田会長はこう発言している（聖教新聞10年9月10日付）。

「今こそ全同志が、これまで以上に実践しゆく時代になりました。先生がお元気な今だからこそ、将来に備えて、揺るぎない体制を築いていく時であります」

活動不能にはなったけれど「先生がお元気な今だからこそ」、つまり存命中の今のうちに「揺るぎない体制」をつくる――。ポスト池田体制化への始動宣言だと読み解くことができるだろう。

池田氏はかなり以前からポスト池田への布石を打っていた。第一の布石は06年11月。秋《あき》谷《や》栄之助《えいのすけ》会長を更迭し、原田氏を会長に就かせたことだ。同時に、創価大学3期生で創価大グループのリーダー格である正木《まさき》正明《まさあき》氏を理事長にすえ、池田氏の側に仕えてきた長谷川重夫《しげお》氏を副理事長に配置した。

秋谷氏は池田氏に忠誠を尽くしてきたとはいえ、戸田城聖《じょうせい》2代会長の弟子であり、信仰上は池田氏と〝同格〟の立場。一方、原田氏は東大卒後学会本部に入り、池田秘書室である第一庶務室長をつとめ、池田親衛隊として組織されていた「伸一会《しんいちかい》」初代メンバーでもある。

さらにこれに加え、理事長に就いた正木氏と同世代の谷川佳樹《よしき》氏（創価高校―東大）を筆頭格の副会長として本部事務総長に配した。同世代の者を競わせるという、池田流人事である。

東京・関西・中部といった地方拠点でも古参幹部をおろして本部直結の人事体制を敷いた。その人事の中心に池田氏の長男博正《ひろまさ》氏（副理事長、ＳＧＩ副会長）を置き、博正氏は総東京総主事、関西最高参与、中部参与を兼務する。そこから次のような観測が浮上する。

博正氏を信仰上の象徴的立場としてSGI会長に就け、創価学会中枢を池田氏直系で固めて組織を運営するという構図。これなら「学会は永久に世襲制はとりません」（『池田大作の軌跡1』央忠邦《なかばただくに》著、徳間書店、一九八〇年でのインタビュー発言）という池田氏のかねてからの発言とも矛盾しない……。その完結を目前にして池田氏は「体調不良」というアクシデントに見舞われたのである。

〝池田不在〟のもと、創価学会は原田会長、正木理事長、谷川本部事務総長の体制で組織を運営し、正木氏と谷川氏が次期会長をうかがうという構図になった。正木氏は創価大グループのトップで教学部門のリーダー的存在。もう一方の谷川氏は組織官僚として選挙や政治部門を握る。選挙の実務を仕切り、政権とのパイプ役をつとめるのは谷川氏直系の佐藤浩《ひろし》副会長だ。

そのパワーバランス崩壊が表面化したのは2014年。〝池田不在〟となって3年目のことである。信仰の根幹である教義・本尊規定の変更に始まり、会則前文の全面改定、「創価学会仏《そうかがっかいぶつ》」の創設、「会憲」の制定、そして〝クーデター人事〟の敢行……へと、創価学会は一気に変貌を開始した。「池田先生の指導」という体裁で始まった組織改編はまもなく〝池田離れ〟へとすすみ、いまや〝池田はずし〟の様相を呈するまでになっている

（詳細は後述する）。

これらと並行してすすんでいるのが政権との癒着構造の深化である。首相官邸と直結のパイプを構築し、その機能を縦横にあやつるという構造である。かつてのように「公明党を介して」ではなく、学会執行部が官邸に直結して政治的影響力を行使する。その方針を受けて公明党が動くという構図である。

宗教団体がどのような教義を持ち、行動するのかは、完全に教団とそれに所属する個人の自由に属する。だから、そのことに、あれこれと口を挟むことはもちろんしない。

しかし宗教団体が直接政治・政局に関与して政治的影響力を行使し、それをみずからの組織的利益にまでつなげるという事態については社会的な検証と評価が必要だと考える。

本書はその立場から、主に２０１０年代以降の創価学会の〝変貌〟に焦点をあてたリポートである（文中の肩書き等はその時点のものとした）。

第一章　安倍自民党政権を支える創価学会

自民党の「支持母体」――2つの宗教潮流

自民党と安倍政権を2つの宗教潮流が支えている。日本会議系宗教教団（★）と創価学会である。かつて自民党には、生長の家、霊友会、世界救世教のように組織的集票力を持つ支持教団があった。だが霊友会や世界救世教は分裂などによってかつての動員力を失っている。

生長の家は生長の家政治連合（生政連）を擁して自民党内でもタカ派の強力な支持母体だった。しかし1983年に生政連の活動を停止し、以降は教団としての選挙活動は一切していない。逆に2016年の参院選挙と17年の衆院選挙では安倍政権を批判し「与党とその候補者を支持しない」という教団方針を発表している。

立正佼成会や同教団も参加する新日本宗教団体連合会（新宗連）もかつては主に自民党ハト派の候補を推薦して選挙に関与していたが、最近は教団としての組織だった選挙対応を控えている。さらに、その立正佼成会は12年に、憲法前文と9条は「人類の宝」だという見解を発表。17年衆院選挙に当たっては北朝鮮問題で安倍政権の圧力一辺倒論を批判し、対話による平和構築を求める見解を発表した。新宗連も選挙期間中に開いた全国総会で同趣旨の見解を採択した。

結局、自民党を積極的に支援する教団で残ったのは日本会議系教団くらいのものになった。そこに創価学会が加わったのである。特に、先述したパワーバランス崩壊前後からその傾向は強くなっていく。

★**日本会議**　１９９７年に宗教者組織の「日本を守る会」と「日本を守る国民会議」とが合流して発足。「日本を守る会」の結成は74年。72年総選挙で共産党・革新共同が40議席に躍進する一方で、自民・民社・公明が軒並み後退し、危機感をもった自民党・財界が〝自由社会を守れ〟キャンペーンを開始。これに呼応して宗教者を組織したのが日本を守る会である。

結成時の代表委員は臨済宗《りんざいしゅう》円覚寺《えんがくじ》派管長、日蓮宗管長、神社本庁総長、生長の家総裁はじめ曹洞宗《そうとうしゅう》、念法眞教《ねんぽうしんきょう》、佛所護念会《ぶつしょごねんかい》、浅草寺《せんそうじ》、明治神宮、修養団、モラロジー研究所の代表ら14人で、のちに崇教《すうきょう》真光《まひかり》教え主《おしえぬし》らが加わった。77年に旧生長の家系の日本青年協議会が事務局に入り、元号法制化など草の根的「国民運動」などの実践面で役割を果たす。運動方針は偏向教育排除・教育正常化、唯物思想や独裁共産革命主義排除などだが、改憲は掲げていない。同会の教訓を受けて81年に結成した日本を守る国民会議が正面から改憲・軍拡を掲げた。

だが日本会議系教団と創価学会の選挙関与のしかたはまったく異なる。日本会議は改憲をめざす運動団体であり、その信念と理念に基づいて自民党と安倍政権を支えている。創価学会はそうではなく、自民党・政権との間に介在しているのは「保身」と「利害」だといってよい。しかし選挙という直接的な貢献度を比較すれば、創価学会の方が桁違いに大きい。

選挙の実際を見ればよく分かる。たとえば２０１６年の参院選挙。安倍自公政権に対抗する「野党と市民の共闘」が成立した初めての選挙だった。結果として自民党は55議席（比例19、選挙区36）を得て非改選とあわせて１２０議席となり、公明党などと合わせて〝改憲派３分の２〟を獲得したのだが、中身を見れば野党共闘の威力と創価学会票の役割が浮きぼりになる。

選挙区のうち１人区（32選挙区）はすべて自民対野党共闘の構図となり、自民党は21勝11敗となった。13年参院選挙（当時は31選挙区）では自民党が29勝２敗と圧勝したことと比べれば野党共闘の効果が歴然としている。

問題はこの１人区で果たした創価学会の役割である。このことを顕著に示す表がある。

それは野党統一候補と当選した自民候補の票差と当該選挙区での公明党比例票を示した左記の表だ。この6選挙区では、統一候補と自民候補の票差よりもすべて公明票の方が多い。なかには2倍近くのものもある。

つまり、この6選挙区では、公明票＝創価学会票がなければ当落が逆転し、1人区の自民党は15勝17敗という結果になっていたということだ。そうなれば、複数選挙区と比例区を合わせた自民党議席は改選前と同じ115にとどまり、当然〝改憲派3分の2〟にも達しなかったことになる。自民党は創価学会票によって、かろうじて面目を保ったのだ。

衆院選挙も同じだ。2017年の衆院選挙で自民党は284議席を獲得した。とりわけ小選挙区は289議席中218議席を占めるという「大勝」だった。47%の得票で75%の議席という小選挙区制度のマジックによる「虚構の多数」ではあるけれど、それだけではない。

衆院選挙で自公両党は小選挙区を棲み分けている。この年の選挙では全289選挙区のうち9選挙区が公

表1　自民が学会票で当選した2016年参院選1人区

	統一候補との票差	公明党比例票
秋田	53,531	57,731
奈良	76,079	86,198
岡山	108,846	135,914
徳島・高知	62,907	92,074
愛媛	8,429	94,242
長崎	50,769	104,642

明党、残る２８０選挙区が自民党で相互支援をするというもの。公明党、つまり創価学会は全小選挙区の９割強で自民党候補に組織票を提供したわけだ。

その結果、自民党は小選挙区で２１８議席を獲得したのだが、当選した自民党候補と次点候補の票差が１万票未満の選挙区が28、１万～２万票差の選挙区が39あった（２万～３万票差は29選挙区）。

このときの公明党の比例区票は６９７万票だから、平均すれば１小選挙区に２万４００0票。その大半が創価学会票である。これがなければ、次点との票差が２万票以下の67選挙区ではほぼ完全に当落が逆転する。となれば、自民党の全議席は２１０前後にまで落ち込む。自民党はここでも創価学会票に救われたのだ。ちなみに14年の衆院選挙でも、小選挙区で当選した自民党候補のうち、次点との票差が１万票未満が27選挙区、１万～２万票差が30選挙区だった。創価学会票なしに自民党の「勝利」はありえないのだ。

一方の日本会議系教団はどうか。日本会議の役職者のうち、副会長４人中１人、顧問５人中４人、代表委員51人中18人が宗教関係者である。そのなかには前天台座主《ざす》、霊友会常務理事、解脱会法主《げだつかいほっす》（新宗連元理事長）、黒住教《くろずみきょう》教主、四天王寺管長、延暦寺代表役員、大和《たいわ》教団教主（新宗連前理事長）らも入っている。だが、これらの宗教者やその教団が日本会議の活動に具体的に参加している訳ではない。役職は日本会議を大きく見せる〝名誉職〟のようなものだ。

積極的に日本会議の活動に参加しているのは神社本庁（神道政治連盟）、佛所護念会教団、念法眞教、崇教真光、新生仏教教団、オイスカインターナショナル（三五教《あななない》）、キリストの幕屋《まくや》などである。その活動参画にも濃淡がある。

そのうえ、これらの教団にさしたる集票力はない。たとえば、氏子数（文化庁への報告では1億人を超す）が多い神社本庁にしても、各地の氏子組織の実状を見れば、実態はおよそ察しがつくはずだ。他の教団はもっと規模が小さい。

16年参院選挙でこれら日本会議系教団が総力支援した山谷《やまたに》えり子氏（自民党比例区）の得票は25万票。もちろん政党名を書いた票や他の比例区候補に入れた票もあるだろうが、それらを束にしてかかっても、創価学会が自民党に提供した票とは桁違いなのである。

もちろん、自民党の最大の支持基盤は財界や各種業界団体である。しかし農協や医師会に見られるように、その基盤は揺らぎつつある。そんな状況下で安定して大量の組織票を提供できるのが創価学会。マスコミは立ち入った検証もなく「公明党の支持母体である創価学会は……」と書くけれど、創価学会はいまや、自民党にとって最強の「支持母体」なのだ。

安倍＝創価学会の「特別な運命」

公明党＝創価学会と安倍政権との間柄は相互利用という関係に止まらない。２００６年9月30日、安倍晋三首相は公明党全国大会に出席して、こんな挨拶をした（公明新聞06年10月1日付）。

「私は去る26日、本会議における首班指名選挙において、公明党の皆さまの支持をいただき、第90代内閣総理大臣に任命された。……私の祖父の岸信介も、父の安倍晋太郎《しんたろう》も御党と交友関係の深い間柄でもあった。両党が50年の歴史を経て、今、第2期の連立政権時代を迎えるに当たって私が自由民主党の総裁として、そして連立内閣の首班として、連立を率《ひき》いていく立場になったことは、何か特別な運命を感じている」

１９５８年3月16日、戸田2代会長は日蓮正宗《にちれんしょうしゅう》大石寺《たいせきじ》の大講堂落慶《らっけい》法要に際して、青年部６０００人を集めて式典を開催（のちに創価学会はこの日を「広宣流布記念の日」に制定）。この式典に岸信介首相を招待した。岸首相は大石寺近くの御殿場まで行ったけれど、側近の池田正之輔《まさのすけ》代議士に説得されて出席を断念、代わりに岸夫人と娘夫妻を出席させた。

娘夫妻とは安倍首相の父である安倍晋太郎（元外相）夫妻のことだ。式典で戸田２代会長はこう述べた（聖教新聞58年３月21日付）。

「岸先生がこれからどんな立場にお立ちになっても、わしは悪い人だとは思いません。それが友人のまごころじゃないでしょうか。君らも、そういう心で、岸先生とつき合って下さい。……私は宗教団体の王様なんだから。岸先生は政治団体の王様なんだ。立場が違うだけです」

昭和の妖怪の異名を持つ岸元首相は、のちに将来の憲法改定と公明党についてこんな〝予言〟をしている。

１９８０年の衆参同日選挙直前、静岡県下で開いた宗教関係者の研修会に出席。「改憲には３分の２の議席が必要だが」の質問に、岸氏は二大政党制にすれば可能であり、その決め手は小選挙区制導入だと回答し、さらにこう述べた。

「公明党も安保や自衛隊では我々に近く、互いに議論しあえば一致できる」

その後の推移は、まさにその予言通りである。

戸田２代会長を継いだ池田大作氏も、岸元首相の弟である佐藤栄作首相や女婿《じょせい》である安倍晋太郎外相・自民党幹事長との蜜月関係を維持した。01年３月11日付聖教新聞で、池田氏はこう述べている。

「（安倍晋太郎氏とは）何回もお会いした。……岸総理が戸田会長と近《ちか》しかったという心を継いで、創価学会を大事にしようという心が感じられた」

安倍首相が公明党大会で述べた「特別な運命」とは、こんな事情を指す。

公明党――その「立党の精神」

創価学会はいまや、自民党にとって最強の「支持母体」である。では創価学会と公明党の関係とは何か。

創価学会の選挙進出は戸田城聖2代会長時代の1955年。地方議会に53人（東京都議1人、市区議52人）を送り込んだことに始まる。全員が創価学会文化部員であった。翌56年の参院選挙で3人が当選（立候補5人）。59年参院選挙では6人全員を当選させた。60年に池田大作氏が3代会長に就き、翌61年に公明政治連盟を結成するが、これは創価学会文化部（のち文化局政治部）に所属する学会の一部門だった。――そんな経過を経て公明党結党となる。

公明党結党大会を開いたのは64年11月。しかし、それを決めたのは同年5月3日の創価学会第27回本部総会である。５月５日付聖教新聞が１面全面を使ってその模様を詳しく伝えている。

総会の議題は４件。①広宣流布の象徴として正本堂《しょうほんどう》を建立し、日蓮正宗大石寺に寄進する。そのための募財を行う。②当時４３０万世帯の会員を７年間で６００万世帯にする。③全国に「創価文化会館」を建設する（のちにこれが選挙拠点となる）。④衆院選挙にも進出し、政党を結成する――の４件だ。

総会で池田会長が、各議題毎に提案理由を述べ、その都度「皆さま方どうでありましょうか〈大拍手〉。それでは満場一致で決定といたします」という形で可決していった。総会では衆院選30人、参院選15人の「推薦」も決めた。重ねていうが、公明党結党の半年前のことである。

右に見るように、公明党は第１に特定宗教教団の機関決定で結成した党である。第２にそれは、教団の教勢拡大の諸課題と一体のものとして決定された。ヨーロッパにはキリスト教民主党、同民主同盟、同社会同盟のような「宗教政党」がある。それは同じ信仰を基盤にし、政治的な志の同じ者によって組織された政党である。教団の機関決定により教勢拡大に連動してつくられた公明党は、それらの宗教政党とは成り立ちも性格も完全に異なる。その人事、組織から選挙や政策選択までが創価学会主導で行われる。創価学会は公明党の「支持母体」ではなく「組織母体」と呼ぶべきだろう。

そのことは当事者本人の言葉からもわかる。公明党結党翌年の65年、池田氏は創価学会青年部最高幹部会でこう述べた（『池田会長全集1』論文編）。

「創価学会は宗教団体であり、公明党は政治団体である。ともに日蓮大聖哲《だいせいてつ》の教えを奉じ、王仏冥合《おうぶつみょうごう》をめざす同体異名の団体である。すなわち、一人の人間について、政治の面からみれば公明党員であり、信仰のうえからは創価学会員であり、……創価学会を離れて公明党はありえない。……創価学会と公明党は、永久に一体不二の関係で進んでいこうではないか」

その後創価学会は1969年に言論・出版妨害事件（第二章参照）を起こす。世間の批判は沸騰した。その大きさを前にして、池田氏は「お詫び講演」（70年5月）で創価学会と公明党の「分離」を表明したが、それは外形的なものであり、その後もこんな発言をくり返している。

「党も私がつくったんです。私の弟子です。賛成の人（ハイ！）そうでしょう。私の自由です。分離はしました。しかし心まで分離していません。心まで分離すると反逆児です。地獄に落ちます」（76年2月1日、浜松での幹部代表者会議）

「教義の実現には、政治の力が必要だ。そのために公明党を作ったわけですから、そ

れは今でも変わらない」（94年9月、マスコミとのオフレコ懇談会）

池田氏だけではない。竹入義勝《よしかつ》元公明党委員長（在任67年～86年の19年間）は回顧録（朝日新聞98年8月26日～9月18日付）でこう述べている。

「委員長を引き受けるときから人事権は学会にあると、明確にされていた。選挙にしても人事にしても、党内はみな学会を向いている」

「公明党は財政、組織の上で創価学会に従属していた。公明新聞や雑誌『公明』も学会の意向が大きなウエートを占め、部数は学会の意向で決められてしまう。党員数も前年数値を参考に調整して決めていた」

「朝日」記事が出たあと、竹入氏は創価学会の憎悪の的となる。学会を除名され、公明党最高顧問を解任・除名された。聖教新聞は長期間、竹入氏を呼び捨てにし罵倒する記事を掲載。竹入氏や妻が「〇日に△にいた」という、夫妻の日常監視を思わせる記事がくり返して登場した。以降、竹入氏はマスコミの取材を一切受けず、沈黙を通している。

87年6月、公明党全国県本部長会議は「公明会」という非公開の組織をつくった（公明党結成前の参院会派「公明会」とは異なる）。会員は国、地方議員と特別に指名された議員OB。「我々は公明党創立者である池田先生のもと弟子の道を再確認し、ここに公明会を結成する。我々は創価学会を守り、池田先生のもと、広宣流布を目指し決意も新たに前進する」。創価学会外護――それが公明党の「立党の精神」である。

学会外護についてはこんな例がある。1994年、公明党が新進党と合流した際のことである。この時、参院議員のみで「公明」という名の政党を残した。これは静穏保持法をめぐる学会外護のためだったというのだ。同法は外国大使館や政党本部周辺での街宣車などによる騒音を規制するもので、公明党本部の「周辺」にある創価学会本部も同法の対象域内に入っていた。だが公明党を解散すれば学会本部は規制対象外となる。だから「公明」を残したのだ、と矢野絢也《じゅんや》元公明党委員長（在任86年12月～89年5月。93年に政界を引退し、08年には創価学会を退会）が著書『黒い手帳』（講談社）で明らかにしている。

キャスティングボートから政権入りへ

創価学会外護の任務遂行に有効な手段が、議会でキャスティングボートを握ることだった。議会を通して行政に影響力を及ぼして学会を守るという戦略だ。

東龍《あずまりよう》太郎《たろう》東京都知事時代の1965年（公明党結党の翌年）、都議選で自民党が過半数を割り、第3党の公明党がキャスティングボートを握るチャンスを得た。都議会公明党幹事長や都議会副議長を経験し、創価学会古参幹部だった龍年光《りゅうとしみつ》氏が生前、こう語るのを聞いた。

「自民党だけでは予算が通らないから、警視庁は公明党が頼りになってくる。そこを池田大作会長はうまく利用した」（★1）。

「（池田氏は）1957年4月の大阪での参院補欠選挙のとき、選挙違反で逮捕された。……普通の人なら反省する。しかし、逆に警察をいかに押さえるかを考えた。都議会でキャスティングボートを握ったことがチャンスだった」

「都議会選挙の直前に、警察回りをした。あいさつに行くと署長が出てきて、『はー、本庁から承っておりますので』という。……要するに、選挙活動は心配するなということ」（★2）

★1　警視庁は都の行政組織であり、警視庁関連の予算や条例案は都議会の同意が要る。

★2　龍氏は選挙中のトラブル防止のため、選挙前に所轄の警察署に挨拶するのを常としていた。

この龍氏の言葉を裏付ける証言もある。〝警察のドン〟こと後藤田正晴《ごとうだまさはる》元警察庁長官（元内閣官房長官）が回想録『情と理』（講談社）でこう述べている。都道府県に公安条例をつくろうとしたときのことだ。

「東京では公明党がウンと言わないと（条例が）通らないんだ。自民党が過半数に足りないから。……警視庁の総務部長に公明党対策をやってもらった。僕も一緒にやりましたから、公明党とのつき合いが始まり、学会とのつき合いが始まった。……ずっと公明党の皆さんとは仲はいいですよ」

7年後の72年、美濃部亮吉《みのべりようきち》革新都政が誕生する。すると知事選では対立候補を推していた公明党は自民から革新に鞍替えし、知事与党となる。政策よりも行政とのパイプを優先するというキャスティングボート戦略がこうして定式化される。龍氏ら都議会幹部は全国を回り、この経験を普及し、定着させたのだそうだ。

キャスティングボートの旨味はこれだけではない。99年の自公連立直後、全日本仏教会の野生司祐宏《のうすゆうこう》総務部長が自派の浄土真宗本願寺派の『宗報』（同年10月号）でこんな分析をしている。

「現世利益という宗教上の教義を、行政サービスの利用で実現させるという手法が、学会を急速に膨張させた最大の要因だった」

「集票という内容の宗教活動の成果が、政治的利権という目に見える形で示される効果ははかり知れない」

創価学会の信仰の基礎は「功徳と罰」。徹底した現世利益主義である。公明党の議員は「功徳調達人」の役を果たす。それは様々な行政施策の口利きから交通違反者の〝もらい下げ〟まで幅広い。都民の血税を注ぎ込んだあげくに破綻した「新銀行東京」事件（08年）で明るみに出た議員や官僚の〝口利き案件〟は約600件。そのうち200件超が公明党関係者のものだった。

ところが、90年代に入り、創価学会＝公明党はキャスティングボートでは対処しきれない事態に遭遇する。90年から92年にかけた東京国税局の税務調査である。

この調査で、創価学会が全国で経営する墓苑《ぼえん》会計に巨額の申告漏れがあることが判明。創価学会は追徴金を含めて7億円余の追加納入を命じられ、マスコミも大きく報道した。だがこれは、より巨大な疑惑を隠すための煙幕にすぎなかった。隠蔽工作の当事者だった矢野絢也公明党元委員長が著書『乱脈経理』（講談社）でその全容を明るみにした。

それ自体が異常なことだが、創価学会への本格的な税務調査はこれが初めてだった。矢野氏はその理由を「自前の政党まで持っている創価学会に対しては、国税庁も及び腰にならざるを得なかった」（同書＝以下同じ）と書いている。

初めての税務調査に、創価学会はあわてふためいた。経理内容が「ブラックボックスだらけ」だったからだ。とりわけ乱脈なのは池田氏とその家族にかかわるものだった。

「絵画などの美術品も、池田氏の公私混同の象徴的存在だった」

「もし国税庁が帳簿と財産目録、美術品の現物一つ一つをチェックしたら、帳簿記載のない持ち主不明の美術品がゴロゴロ出てきて収拾がつかなくなっていただろう。帳簿にあっても現物が見当たらないということもあったはずだ」

これが明るみに出れば世論の批判だけでなく、学会員の不信をも招きかねない。創価学会は委員長を退き党常任顧問だった矢野氏に対策を指示。矢野氏と国税庁長官らとの水面下の交渉が始まる。闇取引である。矢野氏の要請で自民党の竹下登《のぼる》元首相も動いた。学会からの最終指示は「①池田名誉会長にさわらず、②第一庶務（池田秘書室）にさわらず、③絵画などは未整理で提出できない、という三原則」だった。それを国税側に含ませる代償が墓苑会計の不正を認めることだったという。

創価学会側はさらに「ウルトラC」を用意した。公明党が、表向きは反対していた湾岸戦争への90億ドル追加支援とPKO協力法案の賛成に転じることだった。「学会を守るため党が泥をかぶるべきだ。PKO協力法案に賛成して政府・自民党に貸しを作り国税庁の動きを抑えてもらったらどうか」という意見が出る一方、「効果は五分五分。政権に（国税問題で困っているという）弱みを見せるだけで終わりかねない」という見方も出されたという。しかし、「国税問題に対処するためにはPKO協力法案に賛成し、官邸を味方にする必要がある」との判断に落ちついた。結局、創価学会外護こそが公明党の任務だったのである。

水面下の闇取引は、これで一件落着した。このあと、池田氏は矢野氏に向かってこう語ったという。

「やはり政権に就かなくちゃダメだな」（矢野氏著『私が愛した池田大作』講談社）。

翌93年、公明党は細川護熙《もりひろ》連立政権に入閣する。池田氏の「そのうちデエジンも何人かでるでしょう。もうじきです。明日あたり出るから。みんな、皆さん方の部下だから」という有名な発言はこのときのものだ。その非自民連立政権が崩壊すると、公明党は自民党に再接近して、99年の自公連立に至る。

創価学会が決め、公明党が動く

創価学会は公明党の「組織母体」だという両者の関係はいまも変わらない。

「公明党と創価学会は一体不可分だ。候補者は学会組織から選ばれ、国会議員ともなれば谷川（佳樹《よしき》本部事務総長）や婦人部の重鎮、坂口幾代《いくよ》ら最高幹部の面接を経て決ま

る」（『文藝春秋』15年10月号）
事実上の選対本部は学会にあり、資金から組織、スタッフまでフル投入する。選挙を「広宣流布の戦い」と、つまり信仰活動の一環だと位置づけ、会員の政党支持の自由まで拘束する。
16年参院選挙で公明党は従来から候補者を出している東京、神奈川、大阪、埼玉の各選挙区に加え、定員増となった愛知、福岡、兵庫の各選挙区にも候補者をたてた。これも〝公明党の判断〟ではない。
「この方針が事実上決まったのは、先述した（15年）七月の創価学会最高協議会だった。学会で選挙対策を一手に仕切る副会長の佐藤浩《ひろし》が、愛知、福岡、兵庫の各県を抱える方面長たちに対し、選挙区で新たに候補者を擁立するつもりがあるかどうかを問い質し、いずれの方面長も『やります』と答えたことから方針が定まった」（『世界』16年1月号）
まず創価学会が決め、それを受けて公明党が選対会議等で「決定」し、記者会見で発表するという構図。これは地方議会レベルでも同じだ。
選挙や人事だけではない。主要な政治判断や政策決定も事実上、創価学会主導で行う。とりわけ、14年の集団的自衛権行使容認やその後の安保関連法（戦争法）、共謀罪法などを通して、それがますます露骨になってきている。創価学会執行部と首相官邸が直接に協議して筋書きを決め、それに従って公明党が動くという構図だ。

——それは〝池田不在〟下ですすむ「創価学会の変貌」と密接に連動している。

第二章　〝変貌〟する創価学会

――〝脱池田〟への急転回――

池田大作氏が創価学会3代会長に就いたのは、戸田城聖2代会長死去から2年後の1960年5月。戸田時代の「折伏《しゃくぶく》大行進」路線を継いで会員数を飛躍的に伸ばした。公明党結党、創価学園・創価大学開設、民音設立……と活動域を広げ、政界を含む各界に影響力を持つ存在にまでなった。

その一方、前章でも触れたが、創価学会は言論・出版妨害事件を起こして社会の批判を浴び、池田氏の「お詫び講演」に追い込まれる（★1）。宮本顕治共産党委員長宅をはじめとする電話盗聴事件が発覚して、その謀略的体質が問われることにもなった（★2）。他宗教を「邪宗教《じゃしゅうきょう》」と排撃する体質が軋轢《あつれき》を呼び、宗教界での〝孤立〟状態がつづく。

★1　**言論・出版妨害事件**　1969年から70年にかけて起こった事件。明治大学教授で政治評論家の藤原弘達《ふじわらひろたつ》氏の著書『創価学会を斬る』（日新報道、1969年）の出版、販売を止めさせるため、創価学会幹部から末端活動家や公明党議員までが著者、出版社、取次店、書店、広告代理店に圧力をかけた。竹入義勝公明党委員長の要請で自民党の田中角栄幹事長も藤原氏工作に動いた。他の複数の創価学会批判本も同様の被害を受け、初版本を焚いたという例もあったことが報告されている。

★２ 宮本宅電話盗聴事件 １９７０年５月から７月にかけて、日本共産党の宮本顕治《けんじ》委員長（６月までは書記長）宅近くの電話線に盗聴器を仕掛けて宮本宅の通話を無線で盗聴。共産党が発見し氏名不詳のまま告訴・告発した。10年後の80年、盗聴を指揮した山崎正《まさ》友《とも》創価学会元顧問弁護士が告白して真相が判明。刑事事件の時効が成立しているため、宮本氏側が民事の損害賠償を請求、東京高裁は88年４月、創価学会の組織的犯行だと認定し、創価学会側の上告取り下げで同判決が確定した。判決文と裁判記録によると、北条浩副会長（参院議員、のち会長になる）も了解したうえでの犯行で、実行犯は学会学生部幹部ら。盗聴直後の70年７月、学会幹部弁護士や現職検事（のち公明党代表）らが集まり事後策を検討している。

創価学会は、もともとは日蓮正宗の信徒団体として誕生した。２００１年までは会則でも自らを「日蓮正宗の教義に基づき」「日蓮正宗を外護」する団体と位置づけていた。過激なまでの折伏活動で会員＝日蓮正宗信者を増やし、その組織力と財力により宗門内で最大勢力となった。池田氏は信徒団体のトップである法華講総講頭にも就く。

宗門でのさらなる影響力拡大をめざす創価学会は１９７７（昭和52）年、「在家《ざいけ》主義路線」を開始する（一般には、学会を宗門の上位に置く「創価万代《ばんだい》路線＝52年路線」と呼ばれる。宗門内での主導権争いを背景にするもので、立正佼成会や霊友会などの「在家主義」とは異なる）。

ここに、学会の宗門支配を阻もうとする宗門勢力との対立が生まれた。この対立では、表立ったものでは２次にわたる「宗門戦争」（77年1月の池田氏による宗門批判を皮切りにした第一次と、90年12月の宗門による池田総講頭解任からの第２次）がおこり、70年代には青年部幹部による「僧侶吊るし上げ」事件（73年10月）もあった。池田氏は宗門との抗争の責任をとる形で79年４月総講頭を辞任し（84年1月には再任）、創価学会会長を辞して名誉会長となる。

しかし、４代以降の各会長は池田氏の弟子と位置付けられ、創価学会における池田氏の絶対的影響力は揺らぐことはなかった。

その影響力の質的変化が顕在化したのは池田氏が「体調不良」に陥ったあとの２０１０年代半ば。――「創価学会の変貌」が始まる。

第１弾

2014年

教義・本尊規定の変更

――大石寺「大御本尊」との決別――

創価学会は戦前、「創価教育学会」としてスタートした。１９３０（昭和５）年11月18日に牧口常三郎《つねさぶろう》（初代会長）が教育書『創価教育学体系』（創価教育学会）第一巻を発行したことに始まる。これを経済的に支えたのが２代会長の戸田城聖《じょうせい》（当時は「城外《じょうがい》」）だった。

この日に結成大会や総会を開いたわけではないけれど、創価学会はこの日を創立記念日にしている。通例、重要な組織方針の決定はこの創立記念日を中心とした時期に行われる。「創価学会の変貌」も例外ではなかった。

「変貌」の始まりは２０１３年11月。東京・信濃町に新本部ビルが完成し、その中に

「広宣流布大誓堂《こうせんるふだいせいどう》」を開設した。のちにこれを「信仰の中心道場」「世界総本部」と信仰上の聖地に位置づけるのだが、執行部主流派は大誓堂開設にあわせて組織改編に着手する予定だったという。だが、組織内に異論を唱える声があり、先延ばしになったと伝えられている。

いきなり教義・本尊規定の変更から始まった

そして、翌2014年11月。改編はいきなり、教義・本尊規定の変更から始まった。

仏教教団や寺院にはそれぞれ本尊がある。東大寺（華厳宗《けごんしゅう》）の毘盧遮那仏《びるしゃなぶつ》や浅草寺の観音菩薩《かんのんぼさつ》のように仏像が多いけれど、日蓮系宗派は曼荼羅《まんだら》が主流。なかでも日蓮正宗系は本尊崇拝の度が強く、ニセ本尊論争や本尊にからむ罰論も起きる。

朝夕の礼拝の対象ともなる本尊は信者にとって信仰の根幹といってもいい。その本尊と教義をどう変えたのか。本題に入る前に創価学会会則の教義・本尊規定の変遷を少し詳しく見ておきたい。断っておくが、これは教義・本尊等について宗教上の評価をするものではない。自前の「政党」を持ち、現実政治に強い影響力を行使する巨大組織の現在と今後を探るうえで欠かすことができないことだと考えるからだ。

２００１年まで、創価学会会則は教義（3条＝当時）と目的（4条＝同）を次のように規定していた。

「この会は、日蓮正宗の教義に基づき、日蓮大聖人《だいしょうにん》を末法の御本仏《ごほんぶつ》と仰ぎ、日蓮正宗総本山大石寺《たいせきじ》に安置せられている弘安《こうあん》二年十月十二日の本門戒壇《かいだん》の大御本尊《だいごほんぞん》を根本とする」（3条）

「この会は、日蓮正宗を外護し、弘教《ぐきょう》および儀式行事を行ない、会員の信心の深化、確立をはかることにより、日蓮大聖人の仏法を広宣流布し、もってそれを基調とする世界平和の実現および人類文化の向上に貢献することを目的とする」（4条）

ここにいう「本門戒壇の大御本尊」とは弘安2年（１２７９年）に日蓮が図顕《ずけん》したとされるもので通称「板曼荼羅《いたまんだら》」。大石寺の奉安堂《ほうあんどう》にある。末寺や信徒に下付する本尊は、歴代の日蓮正宗法主《ほっす》がこれを書写し、印刷・開眼したものだ。だから池田氏を含む古参の創価学会員宅の仏壇にはこの本尊があったはずだ。

戸田城聖2代会長は、大石寺の大御本尊を「幸福製造機」と呼んだ。それほど功徳のある本尊ということである。全国の学会組織は特別列車まで仕立てて総登山し、特別に開帳された大御本尊を拝んで功徳を授かる。このときの浄財が日蓮正宗宗門の財政を潤すという関係にあった。池田大作氏著とされる小説『新・人間革命』（聖教新聞社、1998年から始まり、17年現在で29巻まで刊行）には大御本尊を讃える言葉が1000回近く登場するそうだ。創価学会員にとって、大石寺の大御本尊あってこその信仰だったのである。

ところが、日蓮正宗は1991年、教理背反や言論・出版妨害事件など一連の反社会的行為を理由に創価学会を破門。93年には池田氏を除名処分にした。

これに対して、創価学会側は逆に宗門こそが教理背反だと主張し、日蓮正宗法主攻撃をしつつ、2002年になって会則の教義、目的条項変更に踏み切り、会則から日蓮正宗・大石寺の語を削った。

「この会は、日蓮大聖人を末法の御本仏と仰ぎ、一閻浮提総与《いちえんぶだいそうよ》・三大秘法の大御本尊を信受し、日蓮大聖人の御書を根本として、日蓮大聖人の御遺命たる一閻浮提広宣流布を実現することを大願とする」（2条＝教義）

「この会は、日蓮大聖人の仏法に基づき、弘教および儀式行事を行い、会員の信心の深化、確立をはかることにより、日蓮大聖人の仏法を世界に広宣流布し、もってそれを基調とする世界平和の実現および人類文化の向上に貢献することを目的とする」（4条＝目的）

一閻浮提とは「全世界」のこと。平たくいえば、日蓮が遺した教えと大御本尊によって世界規模で広宣流布（日蓮教義を広める）を実現するのが創価学会の使命だということになる。会則2条の「大御本尊」とは大石寺にある弘安2年の大御本尊のことだ。

会則から「日蓮正宗」や「大石寺」「外護」の語は消し去ったけれども、それでもなお、大石寺にある「大御本尊」は残さざるをえなかった。それほど学会員の大御本尊信仰の度は強かったのだ。

さらに、この会則改定のさい、次の規定（3条＝三代会長）を新設した。

「牧口常三郎初代会長、戸田城聖二代会長、池田大作三代会長の『三代会長』は、広宣流布実現への死身弘法《ししんぐほう》の体現者であり、この会の永遠の指導者である」

牧口、戸田はすでに故人であり、現役の「指導者」は池田氏ただ一人。この条項によって池田氏の絶対的立場がより明確になった。――以上が「創価学会の変貌」に至る経緯である。

会則から日蓮正宗と大石寺は排除するけれど「大御本尊」信仰はつづくことになってから12年、〝池田不在〟となってから4年目の２０１４年11月7日、創価学会は新たな会則変更に踏みきった。以降、毎年つづく会則変更の幕開けである。14年改定の、つまり現行の会則２条（教義）は次のようになった。

「この会は、日蓮大聖人を末法の御本仏と仰ぎ、根本の法である南無妙法蓮華経を具現された三大秘法を信じ、御本尊に自行《じぎょう》化他《けた》にわたる題目を唱え、御書根本に、各人が人間革命を成就し、日蓮大聖人の御遺命である世界広宣流布を実現することを大願とする」

ついに大石寺の「大御本尊」の語が消えた。では改定会則のいう「御本尊」とは何か。原田会長は会則改定当日の全国総県長会議（14年11月7日）でこう説明した（翌日付聖教新聞）。

「会則の教義条項にいう『御本尊』とは創価学会が受持《じゅじ》の対象として認定した御本尊であり、大謗法《だいぼうほう》の地にある弘安2年の御本尊は受持の対象にはいたしません」

受持とは仏の教えを受けとり、それを持ちつづけること。大謗法（大誹謗正法《ひぼうしょうぼう》の略）の地は日蓮正宗大石寺を指す。つまり、大石寺の大御本尊を切り捨て、今後は〝自前の本尊〟でいくという宣言である。

だがこれは、多くの学会員にとっては、突然、朝夕礼拝し崇め尊んできたものを「それは今日から本尊ではない」といわれるに等しい。動揺があって当然だ。

だからだろうか、会則変更から2ヵ月余りたった2015年1月29、30日付の聖教新聞に教学部の大型解説記事が載った。「（会則変更は）教義の変更ではなく、教義の解釈の変更と位置づけられるものである」。学会がよく使うロジックなのだが、そのうえでこう解説している。

「日蓮大聖人御自身が御図顕された十界の文字曼荼羅と、それを書写した本尊は、すべて根本の法である南無妙法蓮華経を具現されたものであり、等しく『本門の本尊』である。……したがって『本門の本尊』としては『弘安2年（1279年）の御本尊』も含まれるが、それのみが『本門の本尊』だとするものではない」

大石寺の大御本尊も本尊には違いないが「それのみ」ではないとするもので、明らかに軌道修正である。

ところがほぼ1ヵ月後の2月23日付聖教新聞の幹部座談会で谷川佳樹《よしき》本部事務総長が次のように述べて軌道をもとに戻した。

「大石寺にある『弘安2年の御本尊』は、受持の対象にしないことを、将来のために、明確にしたのです」

やはり大石寺の大御本尊を切り捨てることが会則変更の主眼だったわけだ。しかも「将来のために」、つまり永遠に決別するのだと念を押したのである。聖教新聞でのこのやりとりから見えるのは執行部と教学部の意見の隔り。執行部が教学部をねじ伏せたようにも見える。

では、新たな〝自前の本尊〟は何を指すのか。当時、教団内にはいくつかの本尊があった。主に次の3つである。

第1は、破門前からの学会員が日蓮正宗から下付されたもの。大石寺の大御本尊につながる本尊である。

第2は、学会が独自に会員に下付したもの。日蓮正宗中興《ちゆうこう》の祖といわれる日寛《にちかん》26世法主（1665〜1726年）の書写を印刷したもので「御形木御本尊《おかたぎごほんぞん》」と呼ばれる。栃木県の寺で発見したのだそうだ。

第3は、1951年に戸田2代会長の要請で、当時の水谷日昇《にっしょう》64世法主（1879～1957年）が書写したもの。「創価学会常住」の脇書がある。その後、新本部ビルの広宣流布大誓堂に安置された。

池田氏の宿願＝「魂の独立」

〝自前の本尊〟とは何か。これは池田大作氏の宿願だったという。過去には「本尊模刻事件」（78年1月発覚）もあった。今回（14年）の会則改定も「ひとえに、池田先生の大闘争と未来を展望する構想にあったことは、いうまでもありません」と、原田会長は述べている（14年11月7日の全国総県長会議）。言葉をかえれば、池田氏を事実上の教主として本尊を選定するということだろう。

原田会長によれば、その構想を決定づけたのは91年、日蓮正宗に創価学会が破門されたことだった。

「先生がその時を捉えて『魂の独立』を宣言されたことが、重要な分岐点でした」

「魂の独立」とは「信仰の独立」、つまり独立教団「創価学会教」への道筋である。教祖は当然、池田大作氏となるだろう。

「いずれの宗教教団も、独立した教団である以上、その教団の本尊、聖典、礼拝施設等を決定する権能を有するのは当然である。仏意仏勅《ぶっちぶっちょく》の世界広宣流布を推進する創価学会は、受持の対象としての御本尊を認定する権能を有する」（聖教新聞15年1月30日付）という筋立てである。

宗門から破門され「魂の独立」を目指してから23年、いや池田氏が3代会長に就いてから実に44年、いよいよその第一歩を踏み出したという訳だ。だがそれは、事実上の池田不在のもと、ポスト池田化を目指すなかでの始動となった。その内容が池田氏の意に添うのかどうか、最早たしかめようがない。

教義・本尊をめぐる内部論争

教義・本尊規定の変更は当初、２０１３年の新本部ビルと広宣流布大誓堂の完成と同時に着手する予定だった。しかし本部内に反対論・慎重論が根強く、１年間先のばしになったという。「仏教タイムス」（週刊）２０１４年11月20日付が、その内幕を伝えている。

「本尊の変更については、昨年（13年）あたりから内部で検討されていたらしい。流出した複数の関連文書によると、幹部間で相当な意見の対立があったようだが、ついに新本尊の積極派が勝利を収めたらしく、（会則変更の）公表に踏み切った」

実際、論争を裏づける文書が多数流出し、ネット上でもそれが飛び交った。流出文書は推進派を主導するメンバーを「A議長、H会長、T事務総長、Y弁護士の四人」と書いている。秋谷栄之助最高指導会議議長（前会長）、原田稔会長、谷川佳樹本部事務総長（副会長）、八尋頼雄《やひろよりお》弁護士（副会長）の〝四人組〟がこれに当てはまる。

秋谷氏は1981年、北条浩会長の死去を受けて5代会長に就任し、25年間組織のトップにいた。政界との独自ルートも持つ実力者だった。この間、池田氏への忠誠姿勢を保ちつづけたけれど、秋谷氏は戸田2代会長直系の弟子であり、信仰上は池田氏と〝同格〟の立場。2006年に任期途中で解任された。

6代会長の原田氏は生粋の池田門下生。池田親衛隊として組織されていた「伸一会」の初代メンバーでもある。会長就任時には「本門の池田門下の本舞台」と公言したけれど、07年参院選（23→20議席）、09年衆院選（31→21議席）と連続して惨敗する。この頃から秋谷氏は徐々に発言力を回復し、一連の組織改編でも舞台裏で影響力を発揮していると伝えられている。

一方、改定反対・慎重派には教学部門の幹部らがおり、海外組織である各国SGI（創価学会インタナショナル）幹部らも慎重派が多かったそうだ。遠藤孝紀《たかのり》総合教学部長（兼SGI教学部長。後にすべての役職を解任）名の文書がある。そこには、遠藤氏が原田会長と長谷川重夫副理事長に呼び出され、「分派活動」と批難された、と書かれている。

慎重派は、性急に会則を変えれば「国内外の会員の信仰が根本から動揺し、組織も混乱し、日本と各国のSGIとの関係も悪化する」と主張し、推進派は「多少の退転（脱会）者はやむを得ない。九割はついてくる」と反論するといった記述もある。

奇妙なのは、教団ナンバー2で次期会長候補ともされていた正木正明理事長と次期SGI会長ともいわれていた池田氏の長男博正《ひろまさ》副理事長（SGI副会長）の名が、論争の舞台にほとんど登場しなかったことだ。博正氏は13年11月、「総本部ができてお祝いなのに、お祝いの時に（教義・本尊変更を）やる必要などない」と語ったという記述があるから、少なくても推進派と同一歩調ではないという推測が流れた。教学部門に影響力を持つ正木氏が一連の論争にどう関わっていたのかは、この時点では不明のままだった。

もう一つ、そして最大の疑問は一連の組織改編に池田氏の肉声がまったくないことだ。これだけ重大な問題では、普通なら池田氏の会員向けのメッセージがあるはずだ。たとえそれが〝代読〟や、〝代作〟であってもである。

さらに言うと、部外者にとって興味深いのは、推進・慎重の両派ともが「池田先生のご指導」を論議の基点にすえていることだ。流出文書では「大石寺の大御本尊との決別は先生の御意思なのか」という趣旨の論議がくり返し登場するのだが、「『全ては池田先生の強い意向である』と説明する一方で、池田先生に対して当然するべき御報告を全くしていません。結果として、池田先生を利用して、自分たちの方針を押し通そうとする形になっている」といった記述もある。この記述は明らかに慎重派のものだが、両派とも「池田先生」の名の下に論を組みたてているのだ。

創価学会においては、池田氏の意向伝達は第一庶務室（池田秘書室）を経由して行われる。慎重派は「先生の意思だ」という推進派の発言の真偽を第一庶務室長に問いあわせ、「先生は全くそんなことを言われていない。（原田）会長もそんな指導を受けていない」との回答があったとする記述もある。

日蓮正宗から破門されたさい、池田氏は「魂の独立」を宣言した。教義・本尊規定の変更＝大御本尊との決別は「ひとえに、池田先生の大闘争と未来を展望する構想」の帰結だとも、原田会長は説明する。だが肝心な「この時」という選択に、池田氏がどうかかわっているのかは、まったく見えてこない。

「先生が本当に健在なら、こんな論争自体が起こらないだろう」

元本部職員の述懐である。

第２弾

2015年

池田開祖化と〝クーデター〟

――会則前文を全面変更――

２０１５年11月、創価学会はさらなる会則変更、組織改編へと踏み込む。

まず会則３条（三代会長）。牧口、戸田、池田の三代会長を「永遠の指導者」から「永遠の師匠」に変えた。

創価学会における最重要の組織規範は「師弟不二の精神」。日蓮正宗との抗争が進むにつれてその規範が強化され、いまや揺るがぬ思想になっている。

日蓮の教えを正統に継いでいるのは創価学会であり、日蓮に直結し、それを体現しているのが牧口、戸田、池田の三代会長。弟子は決して裏切ることなく、師匠につき従っていかなければならない。池田氏はくり返し、こう説いてきた（聖教新聞07年11月11日付ほか）。

「この大聖人の法門は、師弟の道を正して、成仏していくのである。師弟の道を少しでも誤ってしまえば、同じく法華経をもっていても、無間地獄《むげんじごく》に堕ちてしまう」

「牧口先生と戸田先生、戸田先生と私。ここにのみ真実の師弟がある」

「私は人生をかけて、世界に牧口先生、戸田先生を宣揚しきった。これが師弟の道である」

「私の後を継いで、『師弟』を叫びつづけていくのだ」

「師匠を守れない。敵と戦えない。そうした情けない弟子であってはならない。『師匠のための戦い』の苦労をまったく味わわないものが最高幹部になれば、皆が不幸になる」

どこまでも師匠に忠実であれ。そしていま、創価学会に現存する「師匠」は池田氏のみである。

次に会則6条（広宣流布大誓堂）。第2項を新設して「この会は、『大法弘通慈折広宣流《だいほうぐつうじしゃくこうせんる》布大願成就《ふだいがんじょうじゅ》』『創価学会常住《じょうじゅう》』の御本尊を広宣流布大誓堂に御安置する」を加えた。

この本尊は戸田2代会長時代の1951年に日蓮正宗の水谷日昇64世法主が書写したもの。これがかつての大石寺の大御本尊のような位置づけになるのかもしれない。

そしてこの年の改編の最大のポイントは会則前文の全面改定である。ポスト池田を見すえた、独立教団創価学会の新たな教団像がそこにある。

新会則前文は冒頭部で「創価学会は、大聖人のご遺命である世界広宣流布を唯一実現しゆく仏意仏勅の正統な教団である」と述べ、日蓮正宗を含む日蓮系教団はすべて日蓮の遺命を「正統」に実践していない、つまり邪宗教だと断定する。そのうえで牧口初代、戸田2代の両会長が「日本における広宣流布の基盤を確立された」経緯を簡潔に述べている。そこまでは改定前とあまり変わりはない。

変わったのはそれにつづく池田3代会長についての記述。旧会則では90字足らずだったのが1200字余りへと大幅に増えた。

「第三代池田大作先生は、戸田先生の不二の弟子として、広宣流布の指揮をとることを宣言され、怒濤の前進を開始された」

「日本においては、未曾有の弘教拡大を成し遂げられ、広宣流布の使命に目覚めた民衆勢力を築き上げられた。とともに、牧口先生と戸田先生の御構想をすべて実現されて、大聖人の仏法の理念を基調とした平和・文化・教育の運動を多角的かつ広汎に展開し、社会のあらゆる分野に一大潮流を起こし、創価思想によって時代と社会をリードして、広宣流布を現実のものとされた」

「会長就任直後から、全世界を駆け巡り、妙法の種を蒔き、人材を育てられて、世界広宣流布の礎を築かれ、1975年1月26日には、世界各国・地域の団体からなる創価学会の国際的機構として創価学会インタナショナル（ＳＧＩ）を設立された。それとともに、世界においても仏法の理念を基調として、識者との対談、大学での講演、平和提言などにより、人類普遍のヒューマニズムの哲学を探求され、平和のための善の連帯を築かれた。池田先生は、仏教史上初めて世界広宣流布の大道を開かれたのである」

「牧口先生、戸田先生、池田先生の『三代会長』は、大聖人の御遺命である世界広宣流布を実現する使命を担って出現された広宣流布の永遠の師匠である。『三代会長』に貫かれた『師弟不二』の精神と『死身弘法』の実践こそ『学会精神』であり、創価学会の不変の規範である。日本に発して、今や全世界に広がる創価学会は、すべてこの『学会精神』を体現したものである」

仏教はもともと世界宗教であり、日本でも多くの仏教教団が早くから海外布教をしている。だから「仏教史上初めて」という記述は少々気になるが、ここまでが前文の前半部分の抜粋である。

ここでいう「学会精神」とは牧口・戸田・池田を貫く「師弟不二」と「死身弘法」の精神だとされるが、前半部分を要約すれば、牧口・戸田時代は「広宣流布の基盤」づくりであり、それを「すべて実現」させたのは池田氏だ、ということになる。

新会則前文はここから、今後の創価学会像へとすすむ。

「池田先生は、戸田先生も広宣流布の指揮をとられた、『三代会長』の師弟の魂魄《こんぱく》を留める不変の根源の地である信濃町に、創価学会の信仰の中心道場の建立を発願され、その大殿堂を『広宣流布大誓堂』と命名された。2013年11月5日、池田先生は『大誓堂』の落慶入仏式《らっけいにゅうぶつしき》を執り行なわれ、『広宣流布の御本尊』を御安置され、末法万年にわたる世界広宣流布の大願をご祈念されて、全世界の池田門下に未来にわたる世界広宣流布の誓願の範を示された」

「池田先生は、創価学会の本地と使命を『日蓮世界宗創価学会』と揮毫《きごう》されて、創価学会が日蓮大聖人の仏法を唯一世界に広宣流布しゆく仏意仏勅の教団であることを明示された。そして、23世紀までの世界広宣流布を展望されるとともに、信濃町を『世界総本部』とする壮大な構想を示され、その実現を代々の会長を中心とする世界の弟子に託された」

創価学会は今後、池田氏の大構想のもと、「日蓮世界宗創価学会」を本地（仏教としての本体）とし、東京・信濃町を聖地、「広宣流布大誓堂」を総本山とする新たな世界教団になる。池田氏こそが世界宗教たる教団の創始者なのだ、という図式である。ちなみに創価学会は「日蓮世界宗創価学会」を商標登録している（08年登録）。

注目しておきたいのは、前文の最終部分を、「（池田氏は）世界の弟子に託された」という、過去形に見える表現でしめくくっていることだ。

牧口・戸田・池田の「三代会長」を「永遠の師匠」と定めた会則3条は、翌年（16年）にも手を加えられ、第2項を新設して「『三代会長』の敬称は、『先生』とする」と定めた。教団功労者の呼称まで会則に定めること自体が珍しいことだが、牧口・戸田はすでに故人。だとすれば新設第2項のポイントは池田氏から現職の肩書き（創価学会名誉会長、SGI会長など）を外すこととなり、ここでも〝過去形〟の印象になる。

池田氏は2010年に倒れて以降、公式の場には出ず、すでに陣頭指揮をとれる状況にはないと見られている。やはり池田氏を現役ではなく「開祖」的存在にまつりあげるという図式が見えてくる。2014年以降の「創価学会の変貌」の主要なポイントがここにあるのだろう。

〝クーデター〟人事＝ポスト池田の明暗

教義・本尊規定をはじめとする一連の会則変更は、ポスト池田をめぐる主導権争いにつながっていた。

会則全面改定にあわせ行われた教団執行部の新人事体制。それは創価学会創立85周年記念日にあたる15年11月18日付聖教新聞で発表された。ポスト池田でライバル関係にあった正木正明理事長の解任と、谷川佳樹本部事務総長の昇格である。

創価学会はそれまで、池田大作名誉会長を別格として、ナンバー1が原田稔会長、ナンバー2が正木正明理事長（法人代表役員）で、以下副理事長（池田氏の長男博正氏、長谷川重夫氏ら7人）、副会長（谷川佳樹本部事務総長ら約３００人）という序列で、当時61歳の正木氏が59歳の谷川氏より上位にいた。

正木氏は創価大３期生。池田氏の次男で将来の学会幹部と嘱望されながら27歳で死去した城久《しろひさ》氏と同級生で、創価大同窓会・創友会の筆頭格だった。教学部門のリーダー的存在でもあった。

表2　主要人事・機構の変更

《　～2015.11》	《2015.11～　》
名誉会長（池田大作）	名誉会長（池田大作）
会　長（原田　稔）	会　長（原田　稔）
理事長（正木正明）	理事長（長谷川重夫）
副理事長（池田博正、長谷川重夫ら７人）	主任副会長（谷川佳樹、池田博正ら８人）
副会長（谷川佳樹ら300人近く）	副会長

（注）理事長は法人代表役員兼務。

谷川氏は高校までは創価学園だが東大に進んだうえで、大手商社勤務を経て学会本部入り。選挙や政治部門を含む組織官僚として足場を築いた。ちなみに原田会長も東大出身である。

11月17日付の突然の人事で、正木氏が理事長をおりて閑職の参議会副議長にまわり、谷川氏は副理事長を廃止して新設した序列ナンバー３の主任副会長（８人）へと昇格し、立場が逆転した。

人事の舞台は同日の総務会だった。総務会は「重要な会務の決定機関」（会則33条）で、法人役員の任免権も持つ。任務分掌としては自民党の総務会に似ているが、創価学会の総務会には「会長選出委員会」が置かれる（36条）。ただし総務会の招集権は会長にある（38条）。

それは実に手の込んだ仕掛けだったらしい。聖教新聞によるとこの日、第68回から第71回まで4回も総務会を開いている。

まず一回目の総務会で、総務の任期を5年から3年に短縮するという会則変更が提案された。それが承認されると、「総務の任期は今日で切れる」ことになり、総務の入れ替えとなる。そのさい「正木支持が多いベテランを中心に約二十人の総務を排除」（『選択』16年1月号）したという。

次に新メンバーによる総務会を開き、こんどは会長の任期を5年から4年に変更することが提案され承認される。その結果2期目の4年目だった原田会長が任期切れとなる。総務会は「会長選出委員会」を開き原田氏を再任。残り1年しかなかった原田氏の任期が向こう4年間に延びることになった。

そのうえで四回目の総務会を開催する。この席で原田会長が正木理事長の退任を報告。原田氏は「正木氏は体調不良のため、本人から辞任の申し出があった」と説明したが、正木氏は前日（11月16日）付聖教新聞の幹部座談会にも出席し、「創価三代の師弟は大勝利した」などと語っている。会場には驚きが走ったという。前出の『選択』誌はその模様を、こう伝えている。

「それ（原田報告）を聞いたある幹部は『正木さんは四日前まで元気な姿を見せていた。どこかに幽閉されているのではないか』と呟いた。別の中枢幹部は、『この人事は（池田）先生の指示で行われたのではない。谷川派による正木排除のクーデターだ』と断言した」

実は正木、谷川両派の争いは早くに始まっていた。「東京大学卒の能吏《のうり》で、組織運営を取り仕切る『主流派』の谷川氏に対し、創価大学卒で弁舌が立つ正木氏を担ぐグループは水面下でつばぜり合いを繰り広げていた。が、非力な正木グループは13年暮れ頃から一人また一人と左遷され、15年11月には正木氏自身が理事長から更迭される」（『ＦＡＣＴＡ』18年3月号）という経過だったという。

正木氏解任で空席となったナンバー2の理事長には、次期ＳＧＩ会長とも噂されていた62歳の池田博正副理事長ではなく、74歳の長谷川重夫副理事長が就いた。博正氏は新設の主任副会長への横すべりで、谷川氏と同格になった。

高齢の長谷川氏は池田大作氏の秘書部門である第一庶務室長出身で「池田氏の世話役に徹し、それ以上でも以下でもない」（元本部職員）という存在。つまり原田会長体制下で谷川本部事務総長が実務のトップについたことになる。その谷川氏は腹心とされる佐藤浩《ひろし》副会長（広宣局長）を通して首相官邸との太いパイプを持っている。

この年（15年）に、池田氏を事実上の開祖にまつりあげる会則前文の全面改定と、この〝クーデター〟人事がセットとして行われたのである。

第3弾

2016年

「創価学会仏」＝未来の経典の謎
――ポスト池田の〝組織本仏〟――

14、15年の改編により、事実上は〝過去の人〟の扱いだとはいえ、池田大作氏の宿願である「魂の独立」、つまり独立教団化＝日蓮世界宗創価学会へのスタートを切った。そして、ポスト池田レースもほぼ決着がついたはずだった。だがこれで終わりではなかった。

前代未聞の概念

2016年11月、連続3回目の会則変更があり「創価学会仏《そうかがっかいぶつ》」「未来の経典」なるものが登場した。前年に全面改定したばかりの会則前文の一部に次の文章を加筆したのだ。

「日蓮大聖人の曠大《こうだい》なる慈悲を体し、末法の娑婆世界《しゃばせかい》において大法を弘通《ぐつう》しているのは創価学会しかない。ゆえに戸田先生は、未来の経典に『創価学会仏』と記されるであろうと断言されたのである」

「創価学会仏」とはなにか。従来の仏教にはない新たな仏なのか。それとも「池田本仏」ならぬ「組織本仏」なのか。だとするなら「立正佼成会仏」や「霊友会仏」があってもおかしくない。これまでの仏教ではおよそ考えられない概念である。

会則変更当日の全国総県長会議（16年11月4日）で、原田稔会長は「創価学会の宗教的独自性を、さらに明確にしました」と述べて、こう説明した（「聖教新聞」同5日付）。

「本年7月26日の全国最高協議会へのメッセージのなかで、池田先生は『御本仏の広大なる慈悲を体し、荒れ狂う娑婆世界で大法を弘通しているのは、学会しかない。戸田先生が「創価学会仏」と言い切られたゆえんである』とご指導してくださいました。大変に大事なご指導であり、創価学会の宗教的独自性を明確に宣言するものです。このご指導は、かつて戸田先生が、〝大聖人に直結した広宣流布遂行の和合僧団《わごうそうだん》である創価学会は、それ自体、仏そのものであり、未来の経典には『創価学会仏』の名が記されるであろう〟と断言されたご指導を踏まえられたものであります」

「池田先生は、さらに、そのメッセージのなかで、〝広宣流布を推進しゆく創価学会が仏の存在であり、創価学会なくして広宣流布はなく、学会を守ることが広宣流布を永遠ならしめることである〟ともご指導くださいました。これは、会則の全体趣旨にも通じるものであり、会として未来にわたって踏まえるべき重要なものであることから、今回、『創価学会仏』というご指導を会則に加えた次第です」

「創価学会仏」とはどうやら「組織本仏」的性格のものらしい。原田会長が報告のなかで、戸田城聖2代会長の言葉として使った部分（〝　〟の部分）は、『大白蓮華《だいびゃくれんげ》』06年3月号に掲載された池田氏の文章の要約である。

原田会長が会則改定の理由にした7月の池田メッセージだけではない。その後、池田氏著とされる小説「新・人間革命」にも次の文章が登場する。

「戸田は、学会を『創価学会仏』と表現した。そこには、濁世《じょくせ》末法《まっぽう》に出現し、現実の社会にあって、広宣流布即立正《りっしょう》安国《あんこく》の戦いを勝ち開いていく学会の尊き大使命が示されている」

掲載されたのは聖教新聞16年11月5日付。「創価学会仏」創設の会則変更を伝えたのと同じ紙面だ。まさに絶妙のタイミングである。池田氏のメッセージや著作の大半は〝代作〟だという定説がある。ましてや今の健康状態を考えると7月のメッセージにも11月の小説にも、会則変更に向けた執行部の意図が反映している、との見方も成りたつ。

不可解な2つの謎

それにしても不可解なことがある。新会則には「戸田先生は、未来の経典に『創価学会仏』と記されるであろうと断言された」とあるが、戸田2代会長がいつ、どこでそう「断言」したのかという記述がまったくないのである。

少なくないジャーナリストたちが戸田氏の講演集や発言録を読み直しているが見つかっ

ていない。いま明らかになっている唯一の論拠は〝戸田先生がそう言ったと池田先生が言っている〟ことだけなのだ。

たしかに池田氏は、かなり早い時期から「創価学会仏」の語を口にしていたらしい。「池田氏がそんなことを話すのを聞いた記憶がある」という元本部職員もいる。だが池田氏自身、戸田氏がいつ、どこでそう語ったのかは明らかにしていない。

〝池田氏がそう言っている〟ことを論拠にするのは、創価学会特有の手法である。これを「エレベーター相承《そうじょう》と同類だろう」と指摘するのは創価学会広報部元副部長の小川頼《より》宣《のぶ》氏だ。

戸田氏の死去は1958年だが、池田氏の3代会長就任は2年後の60年である。池田氏への継承は戸田氏が生前に指名していたからだとされている。だが、当時の幹部たちが戸田氏から直接聞いたわけではない。エレベーターの中で戸田氏が池田氏にそう言ったということになっている。これが俗にいう「エレベーター相承」だ。そのうえで、小川氏はこう語る。

「現在の創価学会には『戸田先生と池田氏の間には誰も知らない特別の絆がある』という前提がつくられている。戸田先生がどう考えたのかを語ることができるのは池田氏だけだという風潮を年月かけてつくりあげ、それが学会における池田氏の正統性の論拠になってきた。その帰結として登場したのが『創価学会仏』論ではないか」

もう一つ謎がある。戸田2代会長が「未来の経典には」と語ったということだ。他の日蓮系教団と同様、創価学会の経典は法華経と日蓮遺文のはずだ。戸田氏はそうではなく「未来の経典」を構想していたのだろうか。

戸田氏は日蓮正宗の信徒組織である創価学会のリーダーだった。大石寺の「大御本尊」を「幸福製造機」とまで呼んで学会員の信仰を指導していた。

創価学会は1952年に東京都知事認証の宗教法人となった（宗教法人法改正で現在は文科大臣所管）。このとき、日蓮正宗宗門から信徒団体にすぎぬものが独立の宗教法人になることに異論がでた。宗門は①学会が折伏《しゃくぶく》した者は日蓮正宗信徒として宗門寺院に所属する、②日蓮正宗の教義を守る、③仏・法・僧の三宝を守ることを求め、戸田氏がそれを了承して法人格取得にこぎつけた。「三箇条誓約」といわれるものである。

その戸田氏が内心で「未来の経典」を構想していたとすれば、それは法人格取得のために宗門を欺いたことにならないか。創価学会は会則前文に「永遠の師匠」たる戸田氏を貶《おとし》めるような文言を書き加えたことにはならないか。

『戸田城聖』（新人物往来社、本の泉社が復刻）の著者である宗教学者の日隈威徳《ひぐまたけのり》氏は、「戸田は日蓮正宗に強い信仰心を持っていた。彼が『未来の経典』のような発想をするとはとても考えられない。なぜこの時期に『未来の経典』や『創価学会仏』論が出てきたのか、解明する必要がある」と語る。

なぜいま、この段階で「創価学会仏」なのか。これは戸田氏の考えではなく池田氏の考えだと見る人は少なくない。

池田氏著とされる小説『新・人間革命』にはこんな一節がある。

「『創価学会仏』とは、初代会長・牧口常三郎、二代会長・戸田城聖という師弟に連なり、広宣流布大誓願の使命に生きる同志のスクラムであり、地涌《じゆ》の菩薩《ぼさつ》の集いである」

地涌の菩薩は釈迦《しやか》の教化を受けた者を意味し、法華経教団ではよく使われる言葉である。創価学会もみずからを地涌の菩薩集団だと位置づけたりもする。

「仏教タイムス」17年4月6日付は、この『新・人間革命』の文章を引用して「煎じ詰めれば『創価学会仏＝地涌の菩薩』という構図」であり、「しかも『創価学会仏』は組織という意味を持ち、これを大事にすると功徳や福運があるのだという（戸田氏ではなく池田氏の教え」だと述べ、こう分析している。

「『創価学会仏』は、戸田発言はあったと仮定しても組織維持のために登場した仏なのである。学会員の心をつなぎ止めておくには御利益は不可欠。こうして組織維持を優先したのは、池田名誉会長の健康不安を裏付けるだけではなく、池田名誉会長不在後を見通しての対処とも考えられる」

日蓮正宗との関係修復は不可能となり、「大御本尊」とも決別し、唯一の求心力である池田氏の現状と今後を考えると、創価学会という組織そのものを新たな「幸福製造機」にするしかない——という分析である。的を射た分析と考えてよいだろう。

第４弾

2017年

「会憲」の制定
――ＳＧＩ統合と会長権限強化――

会則とほぼ変わらない会憲なのに

創価学会そのものを「仏」にするだけでは終わらなかった。翌２０１７年、創価学会は４年連続となる会則改編に踏み込む。「創価学会会憲」の制定である。

会憲を制定したのは17年９月１日の総務会。原田稔会長が提案して可決した。翌日付聖教新聞は１面のほぼ全面を使い、「万代に崩れぬ世界広布の基盤」「世界教団としての体制

表3　会則変更の経緯

2013.11	• 東京・信濃町の新本部ビルに「広宣流布大誓堂」開設
2014.11	• 会則2条（教義）変更。大石寺の「大御本尊」と決別
2015.11	• 会則3条（三代会長）変更。牧口、戸田、池田氏を「永遠の指導者」から「永遠の師匠」に変更
	• 会則6条変更。広宣流布大誓堂に「創価学会常住の御本尊」を置く
	• 正木正明理事長解任、谷川佳樹本部事務総長が主任副会長に昇格（クーデター人事）
	• 会則前文の全面改定。「日蓮世界宗創価学会」構想と池田「開祖」化
2016.11	• 会則前文に「創価学会仏」
	• 会則3条に第2項を追加。三代会長の呼称を「先生」に
2017.11	• 「創価学会会憲」制定

を確立」と伝えた。

注目しておく必要があるのは、同じ9月1日にSGI（創価学会インタナショナル）の常任理事会と同理事会を開き、会憲制定の承認をとりつけたことだ。前掲聖教新聞には、会憲を制定した総務会ではなくSGI理事会の写真を載せている。

11月10日には、SGI秋期研修会で来日中の70ヵ国・地域の代表280人を集めて、会憲への賛同と忠誠を誓う「署名式」を開催。聖教新聞はこれも「世界広布の大誓願へ飛翔」の大見出しをつけて1面トップで扱った。この署名式を経て、会憲は創価学会創立記念日の11月18日に正式施行となる。

創価学会会憲とは何か。会憲14条には「この会の根本規範であり最高法規であって、他の規定に優先する」と、この間に改定を重ねてきた会則より上位にあることを明記している。原田会長は会憲制定を可決した総務会から間もない9月7日、本部幹部会・全国学生部大会で会憲は「〝会の憲法〟ともいうべき」ものだと説明。制定理由を次のように述べた（聖教新聞9月8日付）。

「（東京・信濃町の）創価学会総本部が世界各国を指導する世界教団としての体制を構築するために、このたび、池田先生にご報告を申し上げ、ご了解をいただいて、三代会長のご指導を根幹とし、先生が築かれた総本部を中心とする世界教団としての統一的なルールを『創価学会会憲』として制定した次第であります」

会憲は前文と本文15条で構成されている。だがこれがかなり奇妙なのだ。第一に、会憲前文は会則前文と一字一句違わない。会憲本文も「この会は、『創価学会』という」という第1条から教義（2条）、三代会長（3条）、目的（4条）など15条のうち7条まで会則とまったく同じ。残る8つの条文は会長とSGIに関するもので、これだけが会則と異なる。会憲には理事長以下の役職や諸機構についての規定がなく、それは〝会則に続く〟という構成である。

つまり会憲は、前文と86条からなる会則のうち会長とSGIの部分のみをことさらに抽出しただけのもの。それなら会則の一部を変えればすむはずだが、あえて「会憲」として分離させている。その狙いは何か。要は、どこをどう変えたのかである。

まず会長に関する規定はどうか。一言でいえば、会則にある会長権限を整理・集約し、さらにそれを強化したことだ。会憲9条は「この会に、会長を置く」としたうえで、その職掌を次の通り明記した。

▽この会を指導し、統理する。
▽この会の教義及び化儀《けぎ》を裁定する。
▽御本尊に関する事項を司る。
▽この会の儀式行事を主宰する。

教義と化儀（仏が人を教化する方法）の裁定は会則11条にもあるが、会則では「師範会議および最高指導会議に諮問するものとする」という一定のしばりをかけている。しかし、会憲にはそのしばりがない。

会憲15条は「この会憲の改正は、創価学会会則に定める会則改定と同一の手続（総務会の決議）を経た上で、会長が発議し、会憲改正会議の3分の2以上の多数の議決により決する」とあるが、その会憲改正会議は「会長が任命する会議員をもって構成」する（同条2項）となっている。つまり教義から組織に至る全権が会長に集中する仕組みである。

池田大作氏はこれまで、そんな条文の有無にかかわらず絶対的な力を発揮していた。だがポスト池田体制に移行する下では、それを会の規則として明文化する必要が生まれるのだろう。

SGIを傘下の組織と明記

次にSGIに関する部分である。SGIは現在、192の国と地域に組織があるとされている。会長は一貫して池田大作氏だ。池田氏はぼう大な数の国や大学、団体から名誉称号を贈られているが、その多くは各地のSGI組織の働きかけによって得たものだ。

しかしこれまでの会則では、SGIは「補則」の83条に「この会の教義、目的を共通にする世界各国の団体からなる国際機構として、創価学会インタナショナルを設置する」とあるだけで、会長その他の役職やその選出方法、組織運営に関する定めは何もなかった。いわば池田氏の聖域的組織であった。

会憲ではこれを改め、第5条で「この会は、『三代会長』を広宣流布の永遠の師匠と仰ぎ、第2条の教義および前条の目的を同じくする世界各国・地域の団体（以下「構成団体」という。）および会員をもって構成する」とした。

海外のＳＧＩと創価学会の教義・目的は会則にあった「共通」から「同じ」に変わった。そして、ＳＧＩは日本国内の会員と同等の「構成団体」だと位置づけたのだ。

ＳＧＩは１９７５年、グアム島に各国組織代表が集まって発足したのだが、各国組織にはそれぞれに異なった成立経過がある。その名称もそれまでは、日蓮正宗オブアメリカ（63年結成）、ペルー日蓮正宗（63年）、フランス日蓮正宗（66年）、インドネシア日蓮正宗（69年）などと、創価学会の名を冠してはいなかったという。

ＳＧＩ参画後も、その活動には地域性や独自性があり、学会の財力と池田氏の求心力によってつながっていたといっても過言ではない。２０１４年の会則（教義・本尊規定）改定のさい、これに強く抵抗したのが各国のＳＧＩ組織だったともいわれている。

ありていにいえば、池田氏の聖域だった各国ＳＧＩ組織を創価学会とその会長の配下におさめるのが会憲制定の目的の一つだった。会憲制定当日（17年9月1日）の全国総県長会議で原田会長が「本日のＳＧＩ常任理事会、同じくＳＧＩ理事会でも発表され、全会一致で承認されました」と、ことさらのように強調しているのもそのあらわれだろう（翌日付聖教新聞）。その結果、池田ＳＧＩ会長を原田創価学会会長より下位に置くという組織図になってしまった。

原田会長は会憲制定直前の16年から17年にかけて東南アジアや中南米のＳＧＩ組織を歴訪。制定後の今年（18年）４月にはヨーロッパを歴訪するなど各国ＳＧＩとの関係強化を図っている。西欧歴訪について聖教新聞は１面トップで「フランスＳＧＩが歓喜の総会」（４月24日付）、「情熱のスペインが代表幹部会」（同25日付）、「イギリスが躍進の幹部会」（同29日付）と伝えた。

会憲制度には、もう一つ注目すべきことがあった。会憲の「決め方」についてである。前年16年11月の「創価学会仏」創設では、原田会長はこれが池田氏の指導によるものだとして、「今回、『創価学会仏』というご指導を会則に加えた次第です」（同年11月４日の全国総県長会議）と説明している。ところが会憲制定では、「このたび、池田先生にご報告申し上げ、ご了解をいただき……制定いたしました」（17年９月１日の全国総県長会議）と説明した。

池田氏の「指導」から池田氏への「報告」に変わった。会の憲法ともいうべき会憲は池田氏の指導ぬきに学会執行部が決め、事後報告で済ませたということになる。〝池田ぬき〟路線の顕在化である。会憲施行２ヵ月後の18年１月に発表された「ＳＧＩ提言」で、それはさらに鮮明になる。

「ＳＧＩ提言」と〝代作〟の変化

グアム島でＳＧＩを発足させたのは、先にのべたように１９７５年1月26日。毎年この日に「創価学会インタナショナル会長　池田大作」の名で「『ＳＧＩの日』提言」を発表する。36回目となる18年の標題は「人権の世紀へ民衆の大河」。冒頭から核兵器問題を述べ、メディアは「唯一の戦争被爆国として核兵器禁止条約への参加を求める『平和提言』」という風に伝えた。

だがこれは正確ではない。「提言」本文は次のように述べている。

「唯一の戦争被爆国である日本が、次回のＮＰＴ再検討会議に向けて核軍縮の機運を高める旗振り役になるとともに、ハイレベル会合を機に核依存国の先頭に立つ形で、核兵器禁止条約への参加を検討する意思表明を行うことを強く望むものです」

まわりくどい言い方で〝それらしく〟見せてはいるけれど、どう読み返してもストレートに日本の条約参加を求めてはいない。「核保有国と非核保有国の話し合いの橋渡し役を」といった論理で安倍政権に追随する公明党の立場を許容する範囲で述べているのだ。福島第一原発事故後のSGI提言（12年1月）も「原発に依存しないエネルギー政策への転換を早期に検討していく」と、〝脱原発らしく〟見せる手法だった。（★）

★池田氏の「原発」論　米国は1951年に原発の実験炉を稼働し、54年にはソ連が実用原発をつくった。池田氏は59年、これを「第三文明」になぞらえて次のように講演した。茨城県東海村の実験炉で日本初の「原子の火」が点灯するより4年も前のことだ。

「わが地球上に第三の火がともったのです。第一の火は石油や石炭の火です。第二の火は火薬の火。第三の火は原子力の火です。精神文明の世の中も、また物質文明の世の中も、ものたらぬ。どうしても、全民衆の根底からの欲求というものは、物でも心でもない。真実の幸福と、それから渇仰しているものは、色心不二の哲学から出発した、第三文明が必要な時代であると思うのでございます。したがって『最高の文化が広宣流布である』と会長先生がおおせになったこともありますが、ここでいう最高の文化とはなにか。第三文明です。これからの文明なのです。いままでのカビのはえたような偏頗な文明ではないのです」（1959年7月3日、東京台東体育館の創価学会男子部幹部会での講演。当時、池田氏は学会総務。『会長講演集第四巻』）

この講演中の「会長先生」は戸田城聖2代会長のこと。池田氏はさらに、75年刊の『21世紀への対話』で次のような原子力論を述べている。

「今後のエネルギー資源問題を考えるとき、原子力の平和利用が一つの重要な解決策になるものとみられています。一九五五年に、第一回原子力平和利用国際会議がジュネーブで開かれて、原子力平和利用への機運が世界的に盛り上がって以来、先進工業国では競ってその開発が進められています。原子力が、新たな、将来性のあるエネルギー源として平和的に利用されることは、喜ばしいことだと思います」

「原子力といっても、むろん鉱物資源の一種である以上有限であり、将来いつかは枯渇するときがくるでしょう。しかし、世界的にはこれからといってよい分野であり、その単位当たりのエネルギー量からいっても、石油、石炭に代わる動力源として大いに期待できると思われます」（アーノルド・トインビーとの往復書簡集『二十一世紀への対話』下巻）

一方、公明党は09年8月総選挙の公約（マニフェスト中長期ビジョン）で原発技術の輸出促進、原発稼働率アップを主張、福島第一原発事故後の11年5月に菅直人内閣が浜岡原発の全面停止を決めたことを「『政治主導』に名を借りた誤った行政権の独断専行」（公明新聞11年5月11日付）と批判した。

毎年のことだが、このＳＧＩ提言も聖教新聞1月26、27日の上・下あわせて８ページにのぼる超長大論文である。長大ではあるけれどその３分の２近くは古今東西の学者・文化人や平和・人権運動家の発言で埋まっている。これも例年の通りだ。しかも登場人物の多くと「私（池田）は○年○月に会った」とある。「私はこんなに高名な人士と交友してるんだぞ」という、さりげない自慢話にも見える。

ところが今回の主要登場人物であるＩＣＡＮ（核兵器廃絶国際キャンペーン）のフィン事務総長が、提言発表前の１月７日に創価学会本部を訪れたにもかかわらず、池田氏は対面も会話もしていない。著名人好みで、90歳のいまも旺盛な執筆活動をしているはずの池田氏はなぜ会わなかったのか。やはり、もはや会えるだけの健康状態にはないのか。だとすれば、この長大論文はいったい誰が書いたのか。

「池田大作著」の多くが〝代作〟だということは、すでに公知のこととして語られている。原島嵩《たかし》元教学部長も生前、学会内部に「特別書籍」などという〝大作の代作〟チームがあり、自分がその責任者の一人だったことを明かしている。２０１２年に創価学会本部を懲戒解雇され、除名されてもなお池田氏を師匠と仰ぐ３人の元本部職員も16年発行の『実名告発　創価学会』（金曜日）でこう述べている。

「（聖教新聞連載の）『新・人間革命』は聖教新聞社の中に作成チームがあり、資料集めから原稿作成に至るまで担当し、最終的に第一庶務（池田秘書室）がチェックをして完成させている。『わが友に贈る』も『聖教新聞』の記者が作成し、やはり第一庶務がチェックして完成させる」

「『法華経の智慧』や、師匠と世界の識者との対談集の作成も、実際は師匠が『聖教』の局長、部長クラスの新聞記者に著書の大方針を伝え、その後は担当した弟子（『聖教』記者）が作成していると職場上司から聞いていた。前述したが、ローマクラブ共同代表のヴァイツゼッカー博士も、『池田名誉会長との対談集は、直接名誉会長と会って作っている訳ではなく、ドイツSGIが日本の学会本部との間に入ってくれて作っている。池田先生とは数年前に創価大学の卒業式で一度会っただけなのです』と証言している」

〝代作〟を一律に批難するのではない。多忙な人にはよくあることだ。著名な作家の作品にもスタッフが執筆したものがある。もちろん作家自身がチェックし筆も入れているのだが。

「SGI提言」はどうか。これを伝えるメディアの表現にも少しずつ違いが生まれている。メディアは今回も前日の学会広報を受けて、「今日発表する」という記事をいっせいに載せた。

全国紙では「朝日」、「毎日」、「産経」はいずれも、「創価学会の池田大作名誉会長（注・SGI会長ではない）は平和提言を26日に発表する」というスタイル。つまり提言の作者は池田氏だとして伝えた。

読売新聞は違った。

「創価学会は、……提言をまとめた。『平和提言』として池田大作名誉会長名で26日に発表する」と書いた。提言を作成したのは創価学会であり、池田氏の名前を使って発表するという内容だ。

どちらが正確かはいうまでもないだろう。読売新聞は17年からこの記述に変えている。少なくともその段階で「池田大作著」の実相を見切ったのだろう。創価学会執行部は〝池田ぬき〟を通りこして〝池田離れ〟から〝池田はずし〟の段階へと進んでいるのである。

〝池田はずし〟を鮮明にした名護市長選

――勝負分けた学会票と学会戦略――

創価学会執行部の〝池田離れ〟〝池田はずし〟を鮮明に印象づけたのが18年2月4日投票の沖縄県名護《なご》市長選挙だった。自民・公明・維新推薦で辺野古《へのこ》新基地容認の新人・渡具知《とぐち》武豊《たけとよ》氏が、基地反対で3選をめざした稲嶺進《いなみねすすむ》氏を破って当選した。

政府・自民党は稲嶺市政転覆のため、人口6万人余のこの町に菅義偉《すがよしひで》官房長官、二階俊《とし》博《ひろ》幹事長、小泉進次郎筆頭副幹事長ら大量の国会議員や秘書団を投入。投入した国会議員は「一説には一七〇人ともいう」と琉球新報の島洋子政治部長が書いている（『世界』18年4月号）。国家権力あげてこの選挙に臨んだのだ。

それでも当初は稲嶺有利という予測が圧倒的に多かった。自民党が半年前の17年8月に行った世論調査でも同じで、「沖縄対応を一手に取り仕切る菅官房長官が候補者の差し替えを強く指示するほど」であり、「自民党沖縄県連にとってはいかに負け幅を小さくするかが課題」だったという（『SPA!』電子版18年2月7日）。

形勢逆転の潮目になったのは選挙告示1ヵ月前の17年12月、前回選挙では自主投票だった公明党が渡具知氏推薦を決めたことだ。前回選挙で当選した稲嶺氏と自民系候補の差は約4000票。2000～2500票とされる創価学会票が当落を分ける位置にあった。

公明党はなぜ渡具知氏推薦にまわったのか。主導したのは地元の創価学会でも公明党でも、そして公明党本部でもない。普天間基地について公明党沖縄県連の公的立場は「県外・国外移転」であり、とりわけ学会婦人部には渡具知氏推薦には抵抗感があった。

「水面下で、勝利を決定づけたのは、菅官房長官と（創価学会の）佐藤副会長の緊密な連携プレーだった」（『FACTA』18年3月号）。

佐藤浩副会長は谷川佳樹本部事務総長直系で選挙・政治部門を担当し、創価学会本部と首相官邸のパイプ役でもある。創価学会執行部は、自公連立を優先させたのだ。公明党沖縄県連と渡具知氏との政策協定には「海兵隊の県外・海外移転を求める」を入れた。姑息《こそく》ともいえる争点ぼかしだ。海兵隊が移転しようがしまいが、辺野古新基地は海兵隊にとって最強の訓練・出撃基地になることに変わりはないのだから。

創価学会本部は、原田会長みずからが選挙直前の1月に沖縄入りして地元の説得に当たった。佐藤副会長は現地選挙事務所に張り付いて陣頭指揮をとった。

「選挙期間中、名護市内に全国各地から学会員や（公明）党本部職員が集結し、昨年7月の東京都議選で自民党と袂《たもと》を分かった（公明党）都議会議員も応援に駆けつけた」（前掲『ＦＡＣＴＡ』）

その結果、出口調査では「公明党支持層」の投票は自主投票だった前回の2倍となり、前回は二分された投票先が今回は9割が渡具知氏に流れた。

名護市長選挙ではもう一つ、創価学会が得意とする戦術が威力を発揮した。「期日前投票」である。投票日当日のＮＨＫの出口調査では稲嶺氏の得票が上回っている。にもかかわらず逆の結果になったカラクリが期日前投票にあった。投票総数3万7０００票のうち2万票超、実に6割が期日前投票だった。つまり、投票日を待たずして当落はほぼ決まっていたのだ。

2003年にこの制度ができて以来、創価学会は早くからこれを有効に使っている。創価学会員だからといって全員が無条件に公明党やその推薦候補に投票するわけではない。政治的無関心層は学会員の半数近くにのぼるともいわれている。その対策として、期日前投票は実に有効なのだ。

通常、創価学会は告示の数ヵ月前から選挙態勢に入り、「内票会議」を開く（呼称は異なることがある）。学会員とその家族の有権者数（ZU＝学会員世帯の全有権者）を出し、これをA（活動家）、B（安定した公明党支持者）、C（無党派・無関心層）という具合に分類する。説得しなければ投票に行かなかったり他党に入れかねないというCランクが、実は一番多いのだ。ひたすら功徳と罰を信じ、人と人のつながりで入会した、素朴な信者たちなのである。

そのうえで座談会や、活動家の個別訪問による説得でCをBに、BをAに変えていく（その他、取引企業が出した名簿を利用する「外対」などがあるが、ここでは省略する）。

告示後は早々にこれらCの人々を期日前投票に連れて行く。選挙が本番に入って各党、各候補の論戦が本格化し、論点が明確になる前に投票させるという手法だ。学会員の政党支持の自由や政策選択の幅を制約することにつながりかねない手法である。

以前、首都圏の学会組織が使っていた選挙活動日報表を見たことがある。非学会員の支持数（F票）の集計はきわめて大雑把だが、学会員票（内票）については誰を何日までに投票させるかまで記入する欄があった。

名護市長選挙では、創価学会が積み重ねてきたこのノウハウが十分に生かされた。琉球新報の島政治部長は「ある企業では社内LANで『社は渡具知氏を応援しています』のメッセージ付きで期日前投票を呼びかけた。投票所までバスを出し、目標人数を送った」とリポートしている（前掲『世界』）。

話を元に戻そう。創価学会・公明党が新基地容認派の推薦に踏み切ったのは何を意味するのか、である。

創価学会の「永遠の師匠」であり、公明党の創立者でもある池田大作氏にとって、沖縄はとりわけ思い入れの強い場所である。少なくとも公式には「核も基地もない沖縄を」と、くり返し語っている。それはあの戦争を体験した沖縄の創価学会員の思いとも共通するはずだ。沖縄創価学会の公式ホームページはこう書いている。

「池田大作創価学会第3代会長は1964年（昭和39年）12月2日、沖縄の地で小説『人間革命』の執筆を開始しました。『戦争ほど、残酷なものはない』との書き出しには、軍部に立ち向かった恩師や、戦火を逃げ惑った沖縄の人々の叫びが込められています」

小説『新・人間革命』にはこんな一節がある（「伸一」とは池田氏本人のこと）。

「核も、基地もない、平和で豊かな沖縄になってこそ本土復帰である――それが、沖縄の人びとの思いであり、また、仲一の信念であった」

1999年2月28日、池田氏は世界文化アカデミーという団体から与えられたという「世界桂冠詩人《けいかんしじん》」の称号を冠して、沖縄の「世界平和の碑」によせてこんな文章を発表している。

〈本土は自分たちを守る盾として、死ねよと沖縄を切り捨てた。生け贄《いにえ》にされ、阿鼻《あび》叫喚《きょうかん》の島にされた…… 沖縄戦のその見返りが、戦後の「核基地の島」だったとは！〉

〈沖縄から見ると「日本の正体」が、よく見える。今も続く人権無視の重圧。日本はどこまで、紅涙《こうるい》の沖縄を踏みつけにすれば、気がすむのか。多数のエゴで、弱い立場の人を犠牲にするのが民主主義なのか。人の犠牲の上に安逸を貪るのは、人間として恥であり、罪ではないか〉

〈「20世紀に、どこよりも苦しんだ沖縄」を「21世紀に、どこよりも幸せにする」ために全身全霊を傾けなければ、日本に正義はない。民主主義もない。

繁栄が続くこともないであろう。

差別するものは、その不正義の報いを必ず受けるからだ〉

名護市長選挙における創価学会の選択は、池田氏が説きつづけたものとは真逆のものだった。政権との連携で組織維持を図る執行部は、その目的のために池田氏と沖縄の学会員とが共有してきた立場を完全に逆転させた。「池田門下」を唱えながら〝池田離れ〟から〝池田はずし〟へと進む。名護市長選挙はそれを強烈に印象づけた。

4つの「変貌」の意味

新しい権力の集中化と政権依存の深化

4年連続の会則改編とは何だったのか

2014年に始まった4年連続の会則・組織改編はつまるところ、早晩迎えざるをえない〝Xデー〟対策に他ならない。それが「先生がお元気な今のうちに」と、慎重論を押し切って行った教義・本尊規定の変更＝「大御本尊」との決別であり、創価学会仏の創設、会憲によるSGI統合と中央集権の強化、そして〝クーデター人事〟ではなかったか。

水面下には創価学会の路線をめぐる意見の違いがあった。端的にいうなら、選挙で組織をつくり政権とつながることで組織を維持するという現行路線か、これを見直そうという路線かの違いだ。前者は谷川佳樹本部事務総長ら組織官僚に支持が多く、後者には〝クーデター人事〟で排除された正木正明前理事長ら教学部門などのなかに支持があったとも伝えられている。

路線の見直し派のなかには本尊規定の急激な変更への慎重論だけでなく小選挙区選挙からの撤退など政治とのかかわりの見直し論まであったという。ジャーナリストの中野潤《じゅん》氏は2014年の集団的自衛権議論を前にした状況をこう伝えている（『創価学会・公明党の研究』岩波書店）。

「そもそも、学会の内部には自民党に引きずられて公明党らしさを失うよりも、連立を離脱し、『平和の党』の原点に立ち戻って選挙を戦った方が運動にも力が入るという声もあった。しかも、池田大作が創設した公明党は二〇一四年秋に結党五〇周年を迎え、『平和と福祉の党』としての立ち位置をあらためて確認する方針だった。自公連立路線を見直すには、またとない好機だった」

だが与党を離れることへの不安は根強く、「学会内では目前の選挙で一議席でも多く確保することを何より優先する谷川らの立場が強まっていたこともあって」小選挙区撤退論は議論の対象外となり、「集団的自衛権の行使容認をめぐる議論を前に、公明党が連立離脱という選択肢を半ば封印してしまうことにもつながった」という。

根強い不信と組織再整備

ポスト池田に向けて制度としての整備はできた。だが会則や会憲で会長権限を強化しても、学会員の信仰心や忠誠心は外形的な制度で左右することはできない。会憲制定直後に行われた衆院選挙（17年10月22日投票）で、早くも求心力の低下を露呈した。

この選挙で創価学会は安倍自民党の「勝利」には多大の貢献をした。しかし肝心の公明党は6議席を減らし、「広宣流布のバロメーター」である比例票は99年の自公連立以降初めて700万票を割るという歴史的後退となった。

選挙後の11月に開いた全国総県長会議で原田会長はこんな「指導」発言をした（「聖教

新聞」17年11月11日付）。

「次なる勝利を見据えても、また学会の永遠性を確立するという観点からも、今この時の最重要課題は、弘教の数だけではなく、『学会活動に励む人をいかに増やすか』です」

――直面する最重要課題は弘教の数＝信者拡大ではなく、学会員を活動に参加させること、いいかえれば、それほど活動不参加の学会員が多いということだろう。

いかにして求心力を回復し、学会員の活動量を増やすのか。原田会長は11月の全国総県長会議でこう述べた（前掲聖教新聞）。

「そのためには、広布の活動に勇んで取り組んでくださる方を大切にするのはもちろんのこと、新たな力である新入会の友、また青年部員への激励が必須になります。さらにいえば、あまり会合に参加できない方、また活動から遠ざかっている方にまで、どう励ましの手を差し伸べることができるか」

「（池田先生は）次のように指導してくださいました。『小さな会合を、着実に重ねていくことです。メンバーがそろわないことがあっても、また声をかけ、よく励まし、疑問があれば、納得するまで語り合い……』と。……私たちの生命線は、小単位の語らいにある。根本は協議会であり、座談会であります」

池田大作氏がくり返して語ってきた組織活動の原点は「一人対一人の対話」。その原点に立ち戻り、「一人一人が池田先生との絆、同志との絆、御本尊との絆を強めゆく個人指導に徹し」「徹底した訪問激励でこれまで以上に強固な組織をつくってまいりたい」（聖教新聞18年2月10日付）と原田会長は指導する。

学会執行部はもう一つの課題を抱えている。執行部への不信や不満をどう解消するかだ。学会員の活動量の低下には様々な要因がある。活動的学会員の高齢化という事情もある。だがここにきて生まれた新たな要因は第一に、「大御本尊」切り捨てをはじめとする一連の改編に対する学会員の根強いわだかまりであり、第二に、ひたすら安倍政権に追随し、その支援に動員されることへの不満である。

学会執行部はこの間、性急な組織改編に反対し、政治路線に異論を唱える幹部や地方活動家を排除し、処分もしてきた。だが批判の声はおさまらず逆に拡散をつづけている。

安保法制（戦争法）が争点となった16年7月、除名された元本部職員とその同調者らが東京・信濃町の学会本部周辺に立ち、「安保法制を容認し、師匠（池田氏）に敵対する執行部退陣」などを掲げるサイレントアピールを開始、これはその後も継続している。インターネットには「創価学会元職員3名のブログ」や「宿坊の掲示板」などが登場し、同様の批判を展開している。

問題はこれに賛同する現役学会員が跡を絶たないことだ。国際宗教研究所と上智大学グリーフケア研究所が18年2月に開いた「『記憶の場』としての葬儀」というテーマのシンポジウムでは、創価学会の外郭組織である東洋哲学研究所の研究員が「創価学会は選挙の支援という形で組織をつくってきたが、50年余りも同じ対応を続けることが今日に通用する訳がない。信仰の内実にもかかわる」と発言した。

東京・八王子市の創価大学隣接地に事務所がある東洋哲学研究所は一応、独立した公益法人の体裁だが、同研究所の元職員（元学会本部職員）によると、実際は学会本部直結であり最終的な人事権も学会にあるという。その現役研究員がたとえ「葬儀」がテーマのシンポジウムの報告とはいえ、公開の場でこのような発言をすること自体が注目すべきことだろう。

広がりつつある批判の声に対して、学会執行部は〝弁明しつつ恫喝《どうかつ》する〟といった対応を見せる。たとえば18年4月13日の全国総県長会議で原田会長はこんな「指導」をしている（聖教新聞同14日付）。

「この数年、取り組んでまいりました、教義条項をはじめとする『会則改正』も、世界教団としての根本規範たる『会憲』の制定も、全ては池田先生のご構想を弟子が実現しゆく戦いであり、だからこそ一つ一つ、全て先生にご指導を仰ぎ、ご了解をいただきながら進めていることは言うまでもありません」

「にもかかわらず、師のご構想を具現化する戦いを、自分勝手なエゴで妨げようとするならば、破和合僧《はわごうそう》というほかありません。今、私たち一人一人が弟子として直面している根本的命題は、果たして自分は、師匠に頼り、甘えることなく、自らが広布の全責任を担い、池田先生によって築かれた学会の異体同心の団結を守りゆく戦いをなしているのか否か、という一点なのであります」

「破和合僧」とは信仰者集団の和＝団結を乱すという極悪の行為。この全国総県長会議では学会男子部長も同じ言葉を使っている。

3月11日の世界青年部総会でも、原田会長はこう述べている（「聖教新聞」同12日付）。

「……戸田先生は池田先生に厳命されました。『追撃の手をゆるめるな！』創価学会という広宣流布の和合僧を破壊しようとする悪知識《あくちしき》に対しては、断固として戦う。極悪の根を絶つまで、責めて、責めて、責め抜く。この破邪顕正《はじゃけんせい》の闘魂こそ、『3・16』に脈打つ師弟の血脈なのであります」

「3・16」とは60年前に戸田2代会長が池田氏に「魂のバトン」を託した「広宣流布記念の日」なのだそうだが、批判者に「反逆者」のレッテルを貼って徹底的に攻撃しつくすというのは池田時代からの手法。竹入義勝、矢野絢也の両公明党元委員長もこれでやられている。竹入氏にいたっては、聖教新聞に「竹入が何日にここにいた」「竹入の妻がこんなことをした」といった記事が何回も登場した。日常的に行動を監視していないと書けない記事だ。

フリージャーナリストの乙骨正生《おっこつまさお》氏が創価学会と同青年部幹部を名誉棄損で訴えた裁判（乙骨氏勝訴、２０１１年）ではこんなことがあった。青年部は日常的に乙骨氏ら学会に批判的な人の経歴や動静を調査・把握し部員に周知させているのかという原告側弁護士の質問に、証人として出廷した聖教新聞記者は「原告に限らずやっている」と胸を張って証言をしたのだ。世間ではこれを「スパイ行為」と呼ぶ。

だが今回の会則改編や政治路線に対する批判は、竹入氏や矢野氏の場合とは異なる。批判を唱える人が広範囲に及ぶからだ。特定個人を集中批判する手法は通用しないのだ。

一連の改編を通して、学会執行部は選挙で組織をつくり、政権とつながることで組織を維持するという路線の継続を鮮明にしている。宗教教団が政治にかかわり、政治的意思表明をすることは当然許されることであり、課題によっては特定の政治勢力と協力することもありうる。だがそれが宗教としての矜持《きょうじ》としてではなく、教団の保身・利害として行われるのなら話は違ってくるといわざるをえない。

第三章　創価学会・公明党「平和・人権」の実相

——書き替えられる「歴史」——

「平和・人権」の一人歩き

「平和と人権」。これが創価学会・公明党の原点だという説が、まるで神話のように一人歩きしている。その党がなぜ1992年のPKO協力法で反対から賛成に転じ、イラク特措法（03年）から最近の特定秘密保護法、集団的自衛権行使容認、安保法制（戦争法）、共謀罪法、カジノ法……と、その推進役を果たすのか。創価学会はなぜ、それを〝容認〟しつづけるのか。

だがこれは、今に始まったことではない。創価学会が本部総会で政党結成を決めたのは1964年5月で、同年11月に公明党結党大会を開き、「王仏冥合《おうぶつみょうごう》の大理念」を掲げる党綱領を採択した（70年5月に池田氏が言論出版妨害事件の「お詫び講演」で政教分離を唱えたことを受けて綱領から「王仏冥合」を削除）。

衆議院初進出となる67年総選挙では憲法擁護・大衆福祉・日米安保条約段階的解消などを掲げていた。

「カメレオン政党」の面目

その政策は、めまぐるしく変わる。70年代初頭、全国に社共連携の革新自治体が誕生し、72年総選挙で社共両党が躍進すると、公明党はにわかに革新色を強める。日米安保条約は即時破棄、自衛隊は違憲の疑いと唱え、「中道革新連合政権構想」を発表する。

ところが70年代中盤から後半にかけて、自民党・財界が〝自由社会を守れ〟キャンペーンで反転攻勢にでると、公明党は地方首長選挙で自民党との連携に走る。79年には民社党との間で「公民中道連立構想」に合意し、80年1月には飛鳥田社会党と「社公合意」をとりつける。狙いは社共分断にあった。

「(社会党を) 万が一にも再び旧社共路線の方に追いやるような結果は、いかなる角度からしても国民の利益にかなうことでは絶対にない」(公明新聞88年2月17日付「主張」)

これが公明党の一貫した立場だ。社共を分断したうえで、公明党は81年、基本政策を安保条約存続、自衛隊容認へと180度転換させた。この間、竹入義勝委員長ら公明党代表団が北朝鮮に行き、金日成《キムイルソン》主席との共同声明で「主体(チュチェ)思想」の成果を讃え

（72年）、80年にはカンボジアの虐殺政権ポル・ポト派支援に多田省吾《しょうご》副委員長や黒柳明国際局長を派遣している。

80年代後半以後には消費税導入、湾岸戦争協力費追加、ＰＫＯ協力法などを通して自民党と本格接近。ところが93年総選挙で自民党が大敗するや、自民党と手を切って細川護熙《もりひろ》首相の非自民連立政権に参画する。

だが細川政権は8ヵ月、後継の羽田孜《つとむ》政権も2ヵ月しか持たなかった。94年、自民党小沢派を中心にした新進党が結成されると、公明党は「公明新党」と「公明」に分党し、公明新党が新進党に合流。その新進党も96年総選挙で瓦解《がかい》すると、新進党内の旧公明党（つまり創価学会）は「公明」と合体して公明党を再結成、3年後の99年に自公連立へと進み、今日に至るのだ。

70年代、公明党は「カメレオン政党」と呼ばれたことがある。ときの政治状況に応じて革新色をとったり、一転して保守にまわったりとめまぐるしく変転を重ねるからだった。

しかしそれでも変わらないことがある。「平和」を唱えつづけることだ。公明党＝創価学会にとって、日米安保条約が段階的解消でも即時破棄でも存続でも、自衛隊が違憲でも合憲でも、そして武器輸出3原則を葬り去って集団的自衛権行使を認めても、それは常に「平和」なのである。そして創価学会、なかんずく池田氏は「平和」という言葉が好きであり、必要なのだ。

集団的自衛権行使容認をめぐる攻防のさなか、宗教界の一部に創価学会は平和の立場であり集団的自衛権には反対だから公明党を励まそう、という動きがあった。それがいかに情況判断と運動の方向性を見誤ったものかということは数ヵ月後に明らかになるのだが、創価学会＝公明党と「平和で一致できる」というのなら、その「平和」とは何かということを見極め、説明すべきだろう。

問題は、公明党の「カメレオン」的変転は常に創価学会＝池田氏の指導と承認のもとに行われてきた、ということだ。

憲法をめぐる変転もそうだ。かつて公明党＝創価学会は将来にわたって憲法原則を守ると唱えていた。共産党は将来の改憲を認めているとして執拗に「憲法論争」を仕掛けたこともある。

それが99年の政権入りのあと急転換をする。２０００年1月のＳＧＩ提言で池田氏は首相公選制などを理由に「論憲」を提唱、02年には環境権を理由にして「加憲」を提唱した。要するに憲法を変えてもよいということだ。当時、公明党の最高幹部が「先生はそこまで許してくれるのか」と感涙したというエピソードもある。自民「大勝」となった２０１７年の総選挙後、メディアはいっせいに「改憲派３分の２」と伝えた。公明党は完全に「改憲派」に勘定されているのに、この報道に反論も抗議もしていない。

学会＝池田「外護」と「現世利益」主義

基本政策も「平和」の中身もクルクル変わるけれど、公明党には絶対に変えてはならない原則がある。第一章で詳述した創価学会＝池田の外護という「立党の原点」である。当初は「反対」ポーズだった湾岸戦争90億ドル追加支援（91年）やＰＫＯ協力法（92年）で賛成にまわった背景には、東京国税局による税務調査を阻止し終わらせるための「ウルトラＣ」という「学会＝池田外護」の事情があった。このことも第一章で既にのべた通りである。

もう一つ見落としてならないのは、政策や立ち位置をクルクル変えることをいとわない背景に創価学会特有の「現世利益」主義があるということだ。そのときどう動けば＝どちらにつけば有利か、を優先する独特の「価値」観である。実際、日米安保条約や自衛隊についての見解の変転も、そのときの政治状況と重ね合わせればよく理解できる。

その現世利益主義を鮮明に見せつけたのが17年7月の東京都議選だった。

きっかけは前年（16年）7月の都知事選挙である。舛添要一《ますぞえよういち》前知事の自壊によって行われたこの選挙で、自民党籍を持ちながら無所属で出馬した小池百合子氏が、自公推薦候補に大差をつけて当選した。

すると都議会公明党は、一転して選挙では対立していた小池知事に接近する。「小池知事の障害者政策は公明党の政策と合致する」などと、とってつけたような理由をあげて評価し、「知事の言う東京大改革とは議会を形骸化することか」と対抗姿勢を維持する自民党との違いを見せつけた。

12月都議会で、舛添前知事時代の決算案に賛成したのは自民党だけ。公明党は反対にまわり、ここでも違いを見せた。あげくに都議会公明党東村邦浩《ひがしむらくにひろ》幹事長の「自民党との信義は完全に崩れた」という発言に至る。テレビのワイドショーで元宮城県知事の浅野史郎《しろう》氏はこれを、こう分析した。

「今回の動きは、小池知事が公明党を抱き込みにかかったというより、公明党が抱かれにいったと見るべきです」

公明党が「抱かれにいった」最大の理由は、知事選から1年後の都議選にあった。公明党、つまり創価学会は都議選を、国政選挙を上回るほど重要な選挙と位置づけている。創価学会が最初に議員をつくったのは１９５５年（公明党結党前）の都議選である。創価学会は都知事認証の宗教法人だった。東京・信濃町の本部周辺には多数の学会施設（池田氏「専用」施設含む）があり、点在する多数のガレージを含めて「境内地《けいだいち》」として固定資産税と都市計画税が非課税扱いになっている。課税か非課税かの認定をするのは東京都だ。かてて加えて、教義・本尊規定や会則前文の全面改定などをすすめる創価学会執行部にとって、この都議選はその宗教的正当性を示すためにも後退は許されない選挙だった。そのためには小池人気にもすがらざるをえない――。

創価学会はこの都議選を「池田先生の総仕上げの戦い」と位置づけて、活動的学会員に全国動員をかけた。公明党が立候補しない選挙区では小池新党（都民ファーストの会）を支援して連携をはかった。その一方で、競合する共産党には「３つのＫでわかる共産党」「汚い！　危険！　北朝鮮！」などと攻撃を仕掛けた（ノンフィクション作家の溝口敦《あつし》氏はこれを「ネトウヨまがいの悪罵《あくば》」と批評した＝『フォーラム21』17年7月号）。

そして小池知事は公明党候補の選挙カーに乗って支持を呼びかける。小池知事に「抱かれる」ことによって公明党＝創価学会は都議会の「完勝」路線を維持することができたのである。

都議会では長年の間、自民党と公明党が絶対多数の議席を占め、自公両党（正確には都議会のドンと呼ばれる幹部議員たち）が議会運営を握り、石原慎太郎《しんたろう》・猪瀬直樹《いのせなおき》・舛添要一らの歴代知事を支えてきた。国政での自公連立は１９９９年からだが、都議会の自公連立はそれより20年以上前からと歴史は長い。それだけに16年都知事選挙から17年都議選にかけての事態を、多くのメディアは「(自公の) 連立内に亀裂ができた」(朝日新聞16年12月16日付) などと伝えた。

だがそれは正確ではなかった。自公決裂の12月都議会閉会当日、山口県で日露首脳会談があった。安倍首相は、プーチン大統領のしたたかさに翻弄されたあげく、肝心の領土問題に踏み込むこともできず、自民党の二階俊博幹事長でさえ「国民の大半はがっかりしている」というほどの失態外交だった。

ところが公明党の山口那津男《なつお》代表は、安倍晋三首相の言辞をそのまま引用して「新しいアプローチ」と礼賛して見せた。国政では親密関係を継続していたのだ。要するに公明党は国と都のそれぞれの権力と親密関係をつくったにすぎない。常に力のある方につくという体質。そこに、目先の「実利」を優先するという「現世利益」主義が見える。

カント派哲学では「真・善・美」を人類が理想とする普遍的価値観だとしている。これに対して創価学会の牧口常三郎初代会長は１９３１年発表の「価値論」で「美・利・善」を唱えた。カント派のいう「真」が「利」におきかえられている。

その哲学的意味はともかく、これが創価学会流「現世利益」につながっているのは間違いない。都議会と都議選で見せた公明党の〝変身〟はまさしく、俗流「美・利・善」の極みというべきだろう。

いつから創価学会は「平和」教団になったのか？

ところで、創価学会はいつから「平和」の教団になったのだろう。

初代会長の牧口と２代会長の戸田城聖は１９４３年に治安維持法違反と不敬罪の容疑で逮捕・投獄され、翌44年11月８日、牧口は獄死した。奇《く》しくも１９３０年に牧口が『創価教育学体系』一巻を刊行したのと同じ日であり、創価学会はのちに、この日を創立記念日とした。

牧口と戸田が逮捕・投獄されたのは戦争に反対したためでないことは、すでに公知の事実である。

逆に、牧口らは戦争賛美・推進の立場だった。太平洋戦争開戦直後、牧口はこう述べている（創価教育学会『大善生活法実験証明の指導要領』＝『牧口常三郎全集第五巻』、東西哲学書院所収）。

「『皮を切らして肉を切り、肉を切らして骨を切る』という剣道の真髄《しんずい》を、実戦に現わして国民を安堵せしめられるのが、今回の日支事変及び大東亜戦争に於《お》いて百戦百勝の所以《ゆえん》である」

ちなみにこの全集の発行元は創価学会系列の東西哲学書院であり、「編集兼発行者」は「池田大作」である。同全集には、植民地主義についての、牧口のこんな言葉も載っている。

「〔殖民《しょくみん》の必要〕人口の処分問題は実に立国の大問題たり。是《これ》に於てか殖民論を主張する者多く、予も亦《ま》た同論者の一人なり」（『人生地理学』）。

もともと牧口は「万世一系の御皇室は一元的であって、今上天皇《きんじょうてんのう》こそ現人神《あらひとがみ》であらせられる。即ち、天照大神《あまてらすおおかみ》を初め奉り、御代々の御稜威《みいつ》は現人神であらせられる今上天皇に凝集されてゐるのである。されば吾々は神聖にして犯すべからずとある『天皇』を最上と思念し奉る」（『大善生活実証録』）という立場だった。

その牧口らが治安維持法等に問われたのは〝戦争に勝つためには邪教を排し、日蓮正宗を採用せよ〟と唱えたからだ。

「神札《かみふだ》などを拝ませるから、日本の国は戦争に負ける。私は一宗が滅びることを歎くのではない。国の滅びることを歎くのである」（『革命の大河――創価学会四十五年史』聖教新

聞社、75年）

――このように主張し、神札の受け取りを拒んで国家神道に従わなかったことが、治安維持法違反、不敬罪容疑に問われたのである。牧口らは〝殉教の士〟ではあったが〝反戦・平和〟ではなかったのだ。

特高警察との隠された過去

それだけではなかった。初期の創価教育学会は、思想弾圧の先兵である特高警察など治安当局と交流を持ち、それを折伏（信者拡大）につなげていたという事実が最近になって判明している。ジャーナリストの高橋篤史《あつし》氏が当時の同会機関紙誌『新教』『価値創造』などを発掘し、『創価学会秘史』（講談社、18年2月刊）として発表した。

それによると創価教育学会は、「長野県教員赤化事件」（１９３３年）で弾圧された元教員らを〝思想善導〟して折伏しようと考えた。そのために、特高警察やその元締めである内務省警保局、警視庁労働課、さらには思想検事らと緊密に連絡を取りあい、協力・援助を受けていた。逆にいえば治安当局の〝転向政策〟に積極的に協力していたのだ。

『新教』や『価値創造』には、牧口ら幹部が内務省警保局や思想検事を何回も訪問していることが活動日誌として綴られているという。特高刑事の方から創価教育学会事務所を訪ねたりもしている。長野県への折伏旅行を「赤化青年の完全転向指導の問題等の重要なる任務」と位置づける記事や「赤化青年の完全転向は如何にして可能なるか」という記事、「ヒットラー総統の『我が闘争』の真髄」と題するヒトラー礼賛の特集まで載っているという。

しかしそうして獲得した会員＝信者の大半はその後脱会しているそうだ。やがて当時の折伏路線は行き詰まり、「学会は『罰論』を用いた折伏」へと方針を転換。「損よりは得を、害よりは利を」（41年7月20日再刊の『価値創造』）という現世利益主義へと傾斜していったという。

戦後、創価学会は『新教』『価値創造』など戦前の機関紙誌を一切公開していない。秘匿しつづけている。高橋氏によると11月18日の牧口獄死についても、「もはや過去の人」扱いであり、聖教新聞に牧口の法要記事が小さく載る程度だった。

実際、1968年、69年の11月18、19日付聖教新聞1、2面には牧口の記事はなく、「創価学園創立記念日」の記事はあるが、「創価学会創立記念日」は載っていない。「11月18日」はその程度の扱いだった。

それが、１９７０年を境に様相は一変する。当時、創価学会は言論出版妨害事件で社会の批判を浴び、窮地に陥っていた。そんなとき、突如として登場したのが11月18日の聖教新聞だった。

「一九七〇年十一月十八日、『聖教新聞』は突如、『貫いた戦う平和主義』との大見出しを掲げ、牧口の獄死に焦点を当てたのである」（『創価学会秘史』）。

同日付聖教新聞は一面トップで「学会、きょう創立40周年」「貫いた戦う平和主義」の見出しで和泉覚《いずみさとる》理事長の談話を掲載。その左では「創価学会四十年の歩み」という大型連載をスタートさせた。連載第２回の主見出しは「反戦・平和貫き通す」「軍国ファッショとの対決」だ。本文には「（創価教育学会は）反戦の拠点としての潮流を巻き起こしていった」とある。牧口の死は反戦平和をつらぬいたがゆえといわんばかりに描いた。

だが、「戦う平和主義」の中身も、どう「反戦・平和」を実践したのかという記述も一切ない。治安当局が弾圧対象を宗教界にまで拡大して以降の状況は書いているけれど、それ以前の学会と特高との蜜月時代の事実は完全に封印されている。

明らかに〝歴史の改ざん〟である。そしてそれは、言論出版妨害事件が招いた窮地を脱するための〝方便〟にもなっただろう。――「平和の団体」の歴史がこうして始まり、一人歩きをつづける。

前述のように創価学会は戦前の『新教』や『価値創造』を公開していない。牧口の論文の多くは第三文明社版の『牧口常三郎全集』にも収められているけれど、前記「赤化青年の完全転向は如何にして可能なるか」など5本は収録されていない。

創価学会の教学部門のブレーンであり全集編集に携った宮田幸一創価大学教授が、そのいきさつを自身のホームページに掲載している（2011年10月10日付）。

「以下の資料は私が関わった第三文明社刊行の『牧口常三郎全集』第9巻『後期教育論集Ⅱ』に未収録の創価教育学会機関誌『新教』掲載の牧口の論文である。内容は一読してわかるように、創価教育学会がその活動の初期において、内務省警保局、警視庁労働課という左翼の転向問題を扱っていた治安機関と連携しつつ、長野県などの赤化教員の転向工作に積極的に関わって、それらの赤化教員を積極的に創価教育学会にオルグしようとしたことを示す資料である」

「初めてその諸論文を読んだときには、内容的に『これはヤバイ』とすぐ直感した。それでもなんとか牧口をフォローすべく、あれこれ理由をつけて牧口を弁護する補注を書いて、そのゲラをその当時創価学会のイデオロギー部門の担当者であった野崎勲に提出して出版許可を貰おうとしたが、野崎はあっさりと『これはまずすぎる』と言って、いくつかの論文を削除するよう指示した」

創価学会直系誌の『第三文明』は18年7月号で高橋氏の『創価学会秘史』への反論記事を掲載。宮田氏が「結果的」「間接的」反戦平和論なるものを述べている。創価学会が主張しているのは「創価教育学会は結果的に反戦平和運動を行った」ということであり、牧口は「間接的な反戦活動のために弾圧された」というものだ。

分かりにくい論理だが、要するに牧口は「直接的には宗教政策に関して」弾圧されたけれど、当時の政権は戦争遂行を目指していたのだから「間接的」にはそれに反対したことになる、という論理だ。だとするなら、当時の国家神道政策に従わずに弾圧された大本教団やひとのみち教団、ホーリネスやものみの塔（エホバの証人）も「反戦平和」だということになるが、宮田氏や同誌はそれでいいのだろうか。

しかも宮田氏も同誌も高橋氏が指摘する最も肝心な点、つまり①牧口ら創価教育学会が特高警察や内務省警保局らと親交をもっていたこと、②その援助のもとに折伏活動をしていたこと――の2点については、まったく言及していない。

言論出版妨害に見る改ざん体質

都合の悪い事実は隠蔽、削除して歴史を書き改める――。創価学会において、これは珍しいことではない。

言論出版妨害事件もその一つである。池田大作氏は70年5月3日の「お詫び講演」ではこう語っていた（聖教新聞70年5月4日付）。

「今回の問題は、あまりにも配慮が足りなかったと思う。また、名誉を守るためとはいえ、これまでは批判に対して、あまりにも神経過敏にすぎた体質があり、それが寛容さを欠き、わざわざ社会と断絶をつくってしまったことも認めなければならない。今後は、二度と、同じ轍《てつ》を踏んではならぬと、猛省したいのであります。私は、私の良心として、いかなる理由やいいぶんがあったにせよ、関係者をはじめ、国民の皆さんに多大のご迷惑をおかけしたことを率直におわび申し上げるものであります」

藤原弘達《ひろたつ》著『創価学会を斬る』に対しては、竹入義勝公明党委員長の依頼で自民党の田中角栄幹事長までもが出版差し止め工作に動いた。国会議員、都議会議員から潮出版など学会関連企業の社員、末端の学会活動家までが、出版社や取次店、書店に対して〝要請〟と称する圧力をかけた。藤原氏宅や出版社には「ぶっ殺すぞ」「地獄に堕ちる」といった電話や手紙が殺到した。

著者の藤原氏に直接出版中止を要請した藤原行正《ぎょうせい》都議はのちに、これは池田氏の指示によるものだったことを明らかにしている。学会本部に呼び出され、池田氏から「藤原弘達が学会批判の本を出そうとしている。選挙前にこんな本が出るのは邪魔だ」「すぐに相手と話をつけて、余計な雑音を押さえろ」と指示されたという（藤原行正『池田大作の素顔』講談社）。

これらの事実が明らかになってもなお、創価学会・公明党は「事実無根」と言い張ったため世論が沸騰、池田氏の国会喚問の声まで出るという事態になったあげくの、池田氏の「猛省」発言だったのである。

それから31年たった2001年7月10日付聖教新聞の「随筆　新・人間革命」で池田氏（筆名・法悟空）はこう書いた。

「昭和四十五年の〝言論問題〟の前後より、学会は、数人の代議士からも罵倒され、ある時は、テレビを使い、雑誌を使い、演説会を使い、非難中傷された。あらゆる会合で、火をつけるように、悪口罵詈《あっくめり》を煽り立てられた。なんという悪逆か！　なんという狂気じみた悪口か！　私自身も、愛知県の代議士から、国会喚問の要求を初めてされた。『信教の自由』を侵害する狂暴な嵐であった。理不尽な罵倒の連続であった。……（学会員は）血の涙を拭いながら、断固として仏敵と戦う決意を、炎と燃やした」

同年9月17～20日、池田氏は産経新聞のインタビューに登場し、言論問題についてこう述べた。

「学会はさんざん悪口をいわれた。それはいい。許せなかったのは、学会婦人部に対して、口を極めて侮辱したことだ。この点に怒ったのだ。政治評論家として名を売っている人が、真剣に宗教を持っている人をそこまで誹謗《ひぼう》するのは許せなかった。信仰心は純粋なものだ。純粋であればあるほど、侮辱のつくり話などに反発し、怒るのは当然だろう」

完全な事実のすり替えであり改ざんである。31年経過すれば、学会でも第一線の活動家はほぼ世代替わりをしている。その時期になって過去の負の事実を書き替える。「創価学会史」にはそのような例が少なくない。言論出版妨害はその後、創価学会が「精神の正史」と位置づける小説『新・人間革命』でも同様に、学会が被害者だったかのごとくに描かれている。

終末を迎える『新・人間革命』

小説『人間革命』『新・人間革命』ほど書き替えの多い出版物はないだろう。このシリーズは戸田城聖2代会長が「聖教新聞」に1951年4月から執筆した『人間革命』、池田大作3代会長が1965年から執筆した『人間革命』と93年開始で現在も執筆中とされる『新・人間革命』とがある。池田著は池田氏の分身である「山本伸一」を主人公とした自伝書であり『人間革命』の冒頭は「戦争ほど、残酷なものはない。戦争ほど、悲惨なものはない」で、『新・人間革命』は「平和ほど、尊きものはない。平和ほど、幸福なものはない」の言葉で始まる。

いずれも単行本化、文庫本化され、版を重ねている。13ヵ国語に翻訳され、累計5000万部に及ぶベストセラーだという。これほどの部数なのに同レベルの部数である『赤毛のアン』や『アンパンマン』ほど世に知られていないのは購読者の大半が創価学会員に限られているからだ。新聞連載時にはスクラップして座談会の教材になる。単行本化されると1人で3~4冊を購入する。「先生の小説『新・人間革命』は、創価の同志にとっての

『信心の教科書』であり、魂の広布史をつづった『不朽の歴史書』」（青年部機関紙「創価新報」17年3月1日付）だからである。

この『人間革命』『新・人間革命』が版を重ねるごとに、さりげなく書き替えられ、削除され、加筆されているのだ。「仏教タイムス」18年3月15日付が特徴的な例を詳しく伝えている。それによるとたとえば１９６５年秋刊行の『人間革命』第一巻にはこんな文章がある。

「日蓮大聖人の正法正義は、この教団（日蓮正宗のこと）によって厳然と護持されてきたのである。大聖人滅六百数十年、どれ程つらい風雪に耐えて来たことであろうか」

「今日のため、清浄に大法を厳護した僧侶の功績に対し、深く敬意を表したい。また代々の御法主上人の一日として欠かすことのない丑寅《うしとら》の勤行《ごんぎょう》、広宣流布、王仏冥合達成への――これほど、清浄にして慈悲に燃えた宗団が、今日、世界の何処《いずこ》にあろうか」

当時、創価学会は日蓮正宗の宗教的権威に依って勢力を伸ばしていた。会員は日蓮正宗大石寺の板曼荼羅を「大御本尊」と仰いでいた。その後、宗門内での主導権争いが起き、日蓮正宗宗門との関係が悪化。20数年後の改訂版『人間革命』12巻にはこんな文章が登場するという。

「位の権威で、学会を奴隷のように意のままに、支配しようとする法主も出てくるかもしれぬ。……ことに宗門の経済的な基盤が整い、金を持つようになれば、学会を切り捨てるようにするにちがいない。戦時中と同じように、宗門は、正法を滅亡させる元凶となり、天魔の住処とならないとも限らないのだ」

「清浄にして慈悲に燃えた宗団」が「天魔の住処」に、旧版と改訂版では正反対の宗門観が登場するのだ。いったい何が「正史」なのか。初期に『人間革命』を読んで信仰を深めた人が、改訂版を読み返したとき、どう感じるのだろう。まったく違和感を覚えず納得できるとすれば、それはもはやマインドコントロールの領域だといわざるをえない。

同「仏教タイムス」によると『人間革命』第一巻には正木永安という人物が登場し、その功績が8ページに及んで紹介されている。1956年に単身渡米し、米国創価学会を築いた貞永昌靖元米SGI理事長（のちジョージ・M・ウィリアムスと改名）のことだが、2013年刊の改訂版では「青年部留学生第一号として渡米することになった青年」とあるだけで正木の名前も削られている。なぜこう書き替えたのかの説明もない。おそらくその後、創価学会にとって都合の悪い事情が発生したのだろうが、こうして創価学会の「正史」から貞永のことが消されてしまった。

「創価学会が日蓮正宗から破門された1991年以降の改訂版にこの種の書き替えが目立って増えている」というのはジャーナリストの段勲氏だ。「英語、仏語など翻訳された

『人間革命』『新・人間革命』はどうなっているのか。これを学ぶ会員や研究の対象にしている人にどう責任をとるのだろう」と指摘する。

そもそも『人間革命』『新・人間革命』は池田氏自身が執筆し、自ら書き替えているのだろうか。『池田大作・幻想の野望――小説「人間革命」批判』（新日本出版社、１９９４年）を書いた宗教学者の七里和乗氏は聖教新聞連載のものから単行本、文庫本などを読み込んで検討。そのなかで池田氏が71年2月9日付聖教新聞に書いた「随筆　人間革命」に注目している。

「ともあれ（『人間革命』の）、執筆にあたって、今までも多くの方々にご協力を戴く。……特に、私を激励してくれたS氏に至っては、資料の収集は勿論のこと、文体の運び方、文章の調子、結構の仕組みまでご協力を戴き、感謝の言葉もない。益々のご協力をただ乞う」

「文体、文章の調子から、作品の結構まで『協力』したのなら、これはもう、ほとんど『下書き』ではないか」と七里氏は指摘する。S氏とは当時創価学会総務・師範だった篠原善太郎氏であることも明らかにしている。〝大作の代作〟は今日の『新・人間革命』にまで及ぶのだが、『週刊文春』80年6月19日号はこんな記事を載せている。

「『人間革命』が代作だという噂がたったとき、これをもみ消そうとして池田直筆の原稿のコピーというのが幹部に配られ出回ったが、あれはあとで池田名誉会長が活字になったのを原稿用紙に引き写しただけのものである」

そこで七里氏はこう指摘する。

「『私の原稿は、資料記念室に保存しているようだ』（『随筆　人間革命』一八ページ）と、池田氏はさりげない口吻《こうふん》でもらしているが、なかなかどうして、芸が細かいといわねばなるまい」

その『新・人間革命』が2018年中に終了することになった。同年1月7日の創価学会本部幹部会に池田氏がメッセージで伝え（たという形で）、翌日付聖教新聞が伝えた。14年以降、会則変更や〝クーデター人事〟を重ねてきた執行部による池田時代の終了宣言のようにも読める。〝Xデー〟後の創価学会のもとで、書き替えつづけてきた「精神の正史」はどう扱われるのだろうか。

第四章　深化する創価学会の主導

２０１７年９月、聖教新聞１面に相次いで次のような大見出しの記事が登場した。

▽「11・18」へ本陣から広布の夜明けを＝東京北　足立　豊島　板橋など躍進の大会

「さあ11・18『創価学会創立記念日』へ、本陣・東京から新しき広布の夜明けを！『異体同心なれば万事を成《じょう》じ』（御書１４６３ページ）との御聖訓通り、信心の団結で大躍進を期す大会が19日、東京各区で開かれた。北総区の地区部長会は北平和会館で……」（20日付）

▽正義の神奈川よ勇み立て＝横浜保土ケ谷《ほどがや》　旭で誓いの大会

「正義の波動は、常に神奈川の天地から！『声仏事を為す』（御書７０８ページ）の大確信を胸に、立正安国の歴史的闘争へ勇躍船出する大会が、神奈川の各地で開かれた。横浜・保土ケ谷区総区の集いは20日、横浜池田講堂で意気軒高に……」（22日付）。

▽立正安国の大闘争を　意気高く各部代表者会議

「世界広布新時代第47回の各部代表者会議が25日、東京・信濃町の広宣会館（学会本

部別館内）で行われた……竹岡青年部長は、正義の言論で根拠なきデマを打ち破り、青年の気迫とリーダー率先の行動で勝ち進もうと訴えた。谷川主任副会長は、自身の壁を打ち破る執念の拡大をと述べた」（26日付）。

▽「常勝の空」明年40周年　関西魂よ燃え上がれ＝西大阪　新大阪　常勝大阪　堺が誓願の集い

「創価の前進に民衆の歌声あり！　大関西に師弟共戦の凱歌《がいか》あり！　池田大作先生が手掛けた『常勝の空』を声の限りに歌うたび、同志の胸に不屈の関西魂が燃え上がる。同歌の誕生から明年で40周年。友は誓う。今再びの陣列に！　いざや前進、恐れなく！——と。大阪では26日、各地で誓願の集いが行われた。西大阪総県の大会は西成《にしなり》文化会館で……」（27日付）。

部外者には意味不明の記事だろう。11月18日の学会創立記念日や池田氏が手がけた歌の誕生が来年（18年）40周年記念などと装ってはいるけれど、実は間近に迫った衆院選挙に向けた決起集会の記事である。東京の北、足立、神奈川の保土ヶ谷、旭、西大阪、堺などはいずれも、公明党が候補者を出す小選挙区を抱える地域だ。創価学会はこの選挙を「立正安国の大闘争」と位置づけた。

選挙と「広宣流布の戦い」

戸田城聖2代会長は選挙をどう位置づけていたのか。七里和乗氏の前掲書によると、戸田氏は1956年当時、学会が選挙をするわけを「選挙をやるという一つの目標をたてると、みな応援する気になります」「そうすると、幹部が夢中になって、班長君でも地区部長君でも、信心の指導を真剣にやってくれると思うのです。……選挙は支部や学会の信心をしめるために使える」（『戸田城聖先生論文集』下）と語っている。選挙を信仰活動に〝利用〟するという側面に言及していたのだ。

池田大作3代会長になり、公明党をつくって以降、信仰と選挙が一体化し、選挙それ自体の自己目的化へと移行する。選挙で組織をつくり、組織を守るという路線。それが今日の政権依存、癒着路線にまでつながったといえるだろう。

創価学会が選挙活動を「広宣流布の戦い」と呼び、国政選挙での公明党の比例票を「広宣流布のバロメーター」と位置づけているのは公知の事実だ。創価学会は「日蓮大聖人の御遺命である世界広宣流布を実現することを大願とする」（会則2条）団体である。その根幹的な信仰活動が選挙に一体化しているのだ。

宗教団体は共通の信仰を持つもので構成する組織であり、構成員（信者）の思想・良心、政治信条が問われるものではない。信仰の強制力によって信者を特定の選挙活動に動員することなど、本来あってはならないことなのだ（★）。

現実はどうか。創価学会元本部職員が実名でインターネットに掲載するブログで、こんな事実を伝えている。

「学会本部は夏の参議院選挙（16年）に向けて、公明支援のための組織体制作りに躍起になり、その影響は現場組織にまで及んでいる。〝安保（法制＝戦争法）を推進する公明を支援できない〟との思いを表明する地区部長を正役職から外し、『会合で政治の話はするな』と口封じする事態まで起こっている」

「今の創価では『公明党がおかしい』と言えば村八分にされてしまう」

政党支持の自由を求めれば教団の役職を解かれ、村八分にされるというのだ。信者はそのことによって信仰の自由をも奪われることになる。愛知県では集団的自衛権反対の意見書に賛成した公明党町議が、次の選挙で公認を取り消された（無所属で出馬して当選。地域の学会幹部に「あなたの個人票は2％しかない」といわれたけれど、学会員は陰で支援したという）。

創価学会の選挙活動は憲法の政教分離原則とのかかわりで議論されることが多いが（もちろんその議論は大切だが）、同時に憲法20条1項前段の「信教の自由」や憲法19条「思想・良心の自由」の観点からの検証が必要だろう。

★**生長の家の節度**　生長の家は16年参院選挙に当たり「与党とその候補者を支持しない」という教団方針を発表し、17年衆院選挙でも同方針を継続した。そのさい文書の末尾に「選挙での各個人の投票は、本人の自由意思に基づくべきですので、会員・信徒の皆さまにおいては、あくまで各人の意思で決定して下さい」と書いた。この一文は、当然のこととはいえ、宗教教団の節度を表明するものとして注目すべきである。

強まる首相官邸との関係

話を2017年衆院選挙に戻そう。森友・加計疑惑、陸自の日報隠蔽等で追い詰められた安倍晋三首相が衆議院解散にうって出たのは、創価学会が「創価学会会憲」を制定した直後のことだった。世間にも、もちろん学会にも解散はもっと先だという読みがあった。

首相はその虚を衝いたのだった。

直前（7月）の東京都議選を、創価学会は「池田先生の総仕上げの戦い」と位置づけて全国から動員をかけ、小池百合子知事にすり寄るという〝ウルトラC〟まで演じて全員当選を果たしている。会憲制定をはさんで迎える総選挙は「総仕上げ」のあとの初戦ということになる。〝池田ぬき〟で会憲まで制定した執行部にとって、その宗教的正当性をも問われる、絶対に負けられない選挙だった。

公明党の山口那津男《なつお》代表を通していち早く首相の腹の内を伝えられた創価学会は9月17日、緊急の全国方面長会議を開き、他党に先駆けて臨戦態勢に入った。メディアがいっせいに「臨時国会冒頭解散」を伝えたのはその翌日のことである。

9月19日の東京12区の「躍進の大会」を皮切りに全国で決起集会を開き、聖教新聞は連日、地域を名指しして「北海道・大空知総県、留萌《るもい》創価学会が乾坤一擲《けんこんいってき》の闘争」「常勝大阪・堺が誓願の集い」「世界の兵庫に勝鬨《かちどき》を」と檄を飛ばしつづけた。

第一章で詳述したように、この選挙でも創価学会は「自民党の支持母体」としての存在感を十分に発揮した。ところが、自民党の「大勝」には貢献しながら、身内の公明党は歴史的後退という結果を招いてしまった。

公明党は安倍政権との連携に活路を求めて「政治の安定」を唱えたが小選挙区で1議席、

比例区で5議席を失った。公明党の出る小選挙区には自民、維新、希望は候補者を出していない。いわば保守統一候補である。

その小選挙区を落としたのは2009年総選挙以来のこと。しかも落とした神奈川6区は、首相官邸で創価学会との窓口役をつとめる菅義偉官房長官の地元横浜市にある。「広宣流布のバロメーター」である比例票も700万票を割った。これは自公連立を組んだ1999年以降で初めてのことだ。

公明党後退にはいくつかの要因がある。一つは「自公協力」が十分に機能しなかったことだ。衆院選の小選挙区では、大半の選挙区で公明党＝創価学会が自民候補を支援するかわりに、自民候補は「比例は公明へ」と唱えることになっているが、今回はそれが目論見通りにはいかなかったのだ。直前の東京都議選で公明党は自民党と手を切って小池知事の側に走ったが、総選挙にそのツケがまわってきた。

実際、総選挙後に「安倍晋三首相は山口那津男代表に『協力不足』を認めて謝罪した」（時事通信17年10月26日付）という。自民党内には都議選でのしこりから「『自業自得』と突き放す向き」があり、「公明党内でも『コウモリのような、（政治・政策の）主張ではなく強い者に擦り寄るという本音が見透かされた気がする』との声が漏れる」と時事通信は伝えている。

もちろん、後退の要因はそれだけではない。「創価学会の集票力が目に見えて衰弱している」（日刊ゲンダイ10月26日付）ことがある。

なぜ「衰弱」したのか。共同通信（10月26日付）は、公明党が集団的自衛権行使容認や安保法制（戦争法）、共謀罪法などに賛成したことに、多くの学会員が反発したためだと分析し、学会員のこんな声を伝えている。

「公明党の変節です。安保法制だけでなく、共謀罪、モリ・カケ問題など、今の公明党には平和や公正を求めたかつての姿はない。少なくない学会員が、不満をくすぶらせていました」

「公明党の変節」というのは正確ではない。一連の政治対応はほとんど、首相官邸と創価学会執行部との直接折衝と判断によって決められ、公明党はそれに従って動いてきたのだから。以下、この10年間ほどの実際を見てみたい。

学会が直接、政治・政局に関与

かつて創価学会は「公明党を介して」という形で組織を守り、政治的利益（功徳）を享受し、政治への影響力を行使してきた。だが近年は、重要な課題や局面では直接政治・政局に関与し、公明党がそれを実行するという例が目立つ。そのことによって政権依存、癒着という構図が顕著になってきている。以下、〝池田不在〟時代になって以降の実際を見てみたい。

〈集団的自衛権の場合＝14年〉

「公明党に少しでも期待をかけた不明を恥じる」

集団的自衛権行使容認の閣議決定（14年7月1日）を受けてジャーナリストの高野孟氏（早大客員教授）がこんな見出しのコラムを書いた（日刊ゲンダイ14年7月3日付）。

「私も、集団的自衛権解禁に突き進む安倍政権の暴走に歯止めをかけるのは（民主党が役立たずである以上）公明党しかないのではないかと、わずかな期待をかけたひとりである。それはまったくの幻想に終わった」

「ジャーナリスト乙骨正生は『マスコミ市民』7月号（14年）の対談で、『今のメディアの創価学会認識は、あまりにもお粗末です。創価学会を平和団体というのは、彼らが一方的に主張するプロパガンダであり、事実認識が決定的に違っている』『自公連立発足以来、公明党はブレーキ役になると強調してきましたが、実際にはアクセルの役割を果たしています』と言い、それは過去の通信傍受法、イラク特措法、昨年（13年）の特定秘密保護法の成立過程を見れば分かるだろうと一刀両断に指摘する。そう言われてみればその通りで、少しでも公明党に期待をかけた自分の不明を恥じるしかない」

たしかに、「少しでも期待をかけたくなる」ような演出もあった。たとえば、自公協議の出口がまだ見えていない（ように見えている）ころ、創価学会広報室が14年5月17日付で「集団的自衛権に関する基本的な考え方」というコメントを発表し、メディアが大きく伝えた（★）。これを〝創価学会は反対の立場〟だと理解し、宗教界の一部には公明党にエールを送るという動きまであった。

だがこのコメントはいくつかの点で〝怪しい〟代物だった。第1に、「基本的」に「本来は」といいながら賛否を明言せず、与党協議がどう進展しても辻褄を合わせることができる内容だということ。第2にこれは朝日新聞が出した質問書に対する回答文（17日付同紙に掲載）をあらためて広報室コメントとして他の各社に配ったものであり、創価学会が主導的に発表したものではないこと。第3に肝心の聖教新聞には一行も載せておらず、菅官房長官も〝与党協議にも閣議決定にも影響ない〟と歯牙《しが》にもかけていないこと――などの理由からだ。

実際、集団的自衛権行使容認＝憲法解釈の変更のあと、創価学会は「（公明党が）努力したことは理解している」とコメントした（共同通信7月3日付）。5月17日のコメントは結局のところ、反対運動に混乱を持ち込む程度の役割しか果たさなかったのだ。

★創価学会広報室のコメント　私どもの集団的自衛権に関する基本的な考え方は、……これまで積み上げられてきた憲法第9条についての政府見解を支持しております。したがって、集団的自衛権を限定的にせよ行使するという場合には、その重大性に鑑み、本来の手続きは、一内閣の閣僚だけによる決定ではなく、憲法改正手続きを経るべきであると思っております。集団的自衛権の問題にかんしては今後、国民を交えた、慎重の上にも慎重を期した議論によって、歴史の評価に耐えうる賢明な結論を出されることを望みます。

集団的自衛権問題は、実際にはどう推移したのか。自公の与党協議が大詰めを迎えようとしていた6月11日、アメリカからニュースが飛び込んできた。飯島勲《いさお》内閣官房参与が6月10日（日本時間11日）にワシントンで行った講演の内容だ。時事通信はこう伝えた。

「飯島氏は『公明党と創価学会の関係は長い間、政教一致と騒がれてきた。内閣法制局の発言の積み重ねで政教分離になっている』と強調。政府がこうした見解を見直した場合、『弊害が出てきて（公明党が）おたおたする可能性も見える』と語った」

「飯島氏は集団的自衛権をめぐる与党協議に関し、『来週までに片が付くだろう』とも表明。行使容認の前提となる憲法解釈変更に公明党が同意しなければ政府からの圧力がかかるとけん制したとも受け取れる発言で、同党が反発しそうだ」

憲法上の政教一致問題は創価学会＝公明党のアキレス腱である。飯島氏は与党協議を念頭に「政教一致問題をちらつかせて（公明党）を牽制した」（『文藝春秋』15年10月号）のだ。与党協議を引き延ばすなら〝創価学会と公明党は分離しており公明党の政権参加は憲法上問題ない〟という内閣法制局の見解を見直すぞ、という恫喝《どうかつ》といってもいい。そして「あっけなく公明は容認に傾いた」（同）のである。

飯島発言と同日の6月11日、まず動いたのは公明党ではなく創価学会だった。

「『与党協議をまとめるように』。支持母体の創価学会が合意を目指すよう公明党幹部に指示したのは11日。事実上の『白旗』だった」（共同通信6月14日付）

翌12日、こんどは公明党が動く。

「公明党は12日、集団的自衛権を使える範囲を日本周辺の有事に限定したうえで認めるかどうかの検討を始めた」（朝日新聞同13日付）

翌13日、与党協議で自民党の高村正彦《こうむらまさひこ》副総裁が1972年の政府見解を根拠に、集団的自衛権の限定的行使という「新3要件」を公明党に提示……と急展開をする。ここでも

「創価学会が決め、公明党が動く」だが、これにも裏があった。

「実はその原案は、公明党の北側《きたがわ》一雄副代表が内閣法制局に作らせ、高村氏に渡したものだった。解釈改憲に反対する公明党が、事実上、新3要件の『下書き』を用意したのだ」（西日本新聞同20日付）

まさに創価学会のゴーサインによる出来レースだったのである。

〈大阪都構想と「密約」＝14年〉

公明党は維新の会が目論む大阪都構想についてこれまで、理解→反対→理解と立場を変転させてきた。これも「創価学会が決めて……」の構図である。官邸と創価学会執行部との度重なる「密約」が一連の流れを左右させた。

発端は2012年12月の総選挙。その前、09年8月総選挙で公明党は大阪、兵庫の6小選挙区すべてで議席を失った。そこで12年総選挙に向けて第1回のウルトラCが登場する。橋下《はしもと》徹大阪市長ら維新の会が目指す大阪都構想に「理解」を示す。これを受けて維新は公明党が失地回復を目指す小選挙区への出馬を見送り、その結果、公明党は関西6議席を回復することができた。

しかし公明党は総選挙後に大変身をする。大阪都構想反対の側に回り、大阪府・市議会では自民、民主、共産らとともに都構想設計図（協定書）を否決。維新が目論む住民投票への道をいったん断った。維新に地盤を切り崩された大阪の自民党と、改憲勢力としての維新を温存させたい首相官邸との温度差もあった。

「公明に裏切られた」「宗教の前に人の道がある。死ぬまで公明を許さない」――維新は激怒した。２０１４年12月総選挙直前の11月、橋下氏が大阪市長を辞して大阪３区、松井一郎大阪府知事も大阪16区から出馬すると表明。大阪３区は佐藤茂樹公明党府本部代表の、16区は集団的自衛権の与党協議で重要な役割を演じた北側一雄党副代表の選挙区だ。しかもこの総選挙は、創価学会執行部が会則を変えて大石寺の「大御本尊」と決別してから最初の選挙。学会執行部にとって特別の意味がある選挙だった。維新の仕掛けで学会は窮地に陥った。

ところが、その10日後、橋下、松井両氏ともに突然、出馬とりやめを表明。両氏だけでなく、公明党が議席を持つ全小選挙区での候補者擁立を見送り、12年総選挙と同様に公明党に協力する結果になった。一連の騒ぎの最中、大阪市内の新宗教教団幹部は公明党元議員から「橋下さんは大人の対応をしてくれた」という話を聞き、「また密約が出来たな」と思ったそうだ。

実際、公明党は総選挙後、再度１８０度の変身をする。12月30日の大阪都構想法定協議会で、2ヵ月前に否決したばかりの協定書案再提出に同意し、都構想の可否を問う住民投票賛成に回ったのだ。

新宗教教団幹部が推察した「密約」は存在していた。創価学会執行部と首相官邸の「密約」である。ジャーナリストの中野潤氏がその内幕を『創価学会・公明党の研究』（岩波書店）に書いている。

「（14年）一一月中旬、佐藤（浩・創価学会広宣局長）は都内で菅（義偉官房長官）と密かに会談。『このままでは公明党と維新は全面戦争になる。総理も長官もそれは望んでいないでしょう』。こう切り出した佐藤は、大阪都構想の住民投票が可能になるよう、自分が大阪の創価学会や公明党を説得するので、菅から橋下を説き伏せて対立候補の擁立を止めさせてほしいと頼み込んだのだ。菅はこの依頼を受け入れ、安倍の了解も得た上で橋下に連絡した。橋下はこれを受け入れ、首相官邸がいわば『保証人』になる形で両者の『密約』が成立したのだ」

一方的な依頼を飲ませたことで、創価学会は一層、政権と離れられない状況が生まれた。それが、その後の安保法制（戦争法）につながる。「公明党は、安保法制の与党協議に、スタート時から負い目を感じながら臨まざるを得なくなった」と中野氏は同書で書いている。

創価学会の佐藤広宣局長（副会長）は総選挙期間中、この「密約」を大阪の公明党に伝えていなかった。選挙後にそれを知らされた大阪の公明党が住民投票賛成にまわったのには、こんな経過があった。

公明党の住民投票賛成への再度の変身は「東京の公明党主導」（読売新聞）で行われたと複数のメディアは伝えたが、それは正確ではない。「主導」したのは公明党本部ではなく、創価学会本部だった。『ＦＡＣＴＡ』15年2月号はこう書いている。

「12月24日、（大阪公明党の）幹部が東京・信濃町の創価学会本部に呼ばれ、学会幹部から維新と対立を続ける愚を諭され関係修復を求められたという」

「（府幹部は）大阪に戻り25日夜、橋下、松井と会談。『住民投票の実施までは協力する方針に転換した』ことを伝えた」

この問題をめぐって、大阪では「鶴の一声」という言葉が使われた。鶴とは創価学会のマークのことだ（★）。府本部幹部の帰阪後に開かれた公明党府市議の会合は大荒れになったという。間近に迫った統一地方選挙で「寝返り」「裏切り」批判が出るのは必至だ。だが「鶴の一声」には逆えない。公明党は地方選挙で「住民投票の実現には協力するが、都構想には反対」という「必死のアクロバット」（前掲『ＦＡＣＴＡ』）を演じることになる。

（地方選挙で公明党は大阪市議の現職区1人を落とした。直後の都構想住民投票では多くの学会員が反対票を投じたという）。

★シンボルマークとされる鶴　かつて創価学会批判がおこなわれると、学会や関連する団体・個人から激しいバッシングをされることが懸念された。そのため、ほとんどのマスコミが学会批判報道を避けた。これを「鶴タブー」と称し、一般にも「鶴＝創価学会」とイメージされるようになった。ただ、鶴はもともと日蓮正宗の紋で、学会はそれを倣ったただけである。1977年以降は八葉蓮華を創価学会のシンボルマークとしている。

〈選挙をめぐる官邸＝学会連携〉

創価学会と首相官邸の連携は選挙にも及ぶ。その例を16年7月の参院選挙に見ると、こんなに濃密な連携があった。

この参院選挙で公明党は従来から議席のあった東京、神奈川、大阪、埼玉の4選挙区に加え、定員増となった愛知、福岡、兵庫の3選挙区にも候補者を擁立した（擁立を決めたのは公明党ではなく、前年7月の創価学会最高協議会である＝第一章参照）。

結果として公明党は7選挙区すべてで当選したけれど、実は東京、大阪を除く5選挙区は公明党、つまり創価学会の自力で得た議席ではない。自民党に票を回してもらって得た議席だった。自民党は自前の候補を持ちながらもなお、公明党候補を推薦したのだ。
その工作をしたのも公明党ではなく創価学会だった。前出の中野潤氏が『創価学会・公明党の研究』でその内幕を明かしている。

「創価学会の佐藤（浩広宣局長・副会長）は、公明党選対委員長の斉藤の頭越しに、自民党の茂木《もてぎ》や幹事長の谷垣、それに官房長官の菅らに直接、推薦を強く働きかけた。その結果、自民党は党内の反対意見を押し切ってこの五選挙区すべてで公明党候補に推薦を出した」

選挙に入ると、安倍首相は兵庫、愛知、神奈川に入って公明党候補の応援演説をした。兵庫と神奈川では自民党候補より先に公明党の方に駆けつけたという。福岡には安倍首相の妻の昭恵《あきえ》氏が入って公明党候補の集会でエールを送った。

菅官房長官は「兵庫選挙区で公明党候補のために運輸や建設などの業界団体の関係者を集めた集会を開き、自ら秘密裏に現地入りして頭を下げた」という。自民党の有力支持層である業界団体票を他党に回すというのは異例のこと。「自民党兵庫県連の関係者が『党を売り渡すのか』と猛反発したが、菅は意に介さなかった」そうだ。

官邸と創価学会が直接に連携して戦略を練り、地元に持ち込むという手法は、各地の選挙でも表面化してきている。

辺野古新基地容認の新人が、新基地反対で三選を目指す現職を破った沖縄県名護市長選挙（18年2月）もその一例だ。

徹底した争点隠し、創価学会がノウハウを持つ期日前投票の有効活用に加え、選挙直前に公明党が自主投票から新人推薦へと変身したことが、当初は現職有利といわれた形勢を逆転させる主な要因だった。

変身を決めたのは地元の創価学会でも公明党でもない。やはり東京の、創価学会執行部と官邸の直接協議によってだった。

「水面下で、勝利を決定づけたのは、菅官房長官と（創価学会の）佐藤副会長の緊密な連携プレーだった」（『ＦＡＣＴＡ』18年3月号）

「名護市長選挙で公明の推薦を得ることは、官房長官の菅と創価学会の佐藤浩副会長の間で『くりかえし協議されてきた』（自民党関係者）……『公明党や創価学会員が本腰で応援してくれるでしょうか』周囲からそう問われるたびに、菅は余裕の表情で語った。『応援してくれる。大丈夫だよ』」（『世界』18年3月号）

名護市長選挙で成功したこの戦略は、隠すべき争点を基地から原発に変えるだけで、6月の新潟県知事選挙にも使われた。

〈政策決定も＝軽減税率をめぐって〉

首相官邸と太いパイプを持つ創価学会執行部の政治的影響力はいまや、重要政策の決定や政局をつくるという政治的権力行使の中核にまで及んでいる。

「重要法案では、菅官房長官が（学会の）佐藤副会長と『落としどころ』を探っているとも言われる」

『アエラ』16年1月25日号はそう書いた。実例としてあげたのは当時、2017年4月実施の予定だった消費税の10％への引き上げにともなう消費税軽減税率についての水面下の工作だった。安倍政権がその後、引き上げの再延長を決めたため、当面の焦点からははずれたけれど、当時、公明党はこれを16年7月参院選挙の目玉にする腹づもりだった（14年12月の総選挙でも「軽減税率実施へ」を主要公約にしていた）。

15年秋頃の段階では、いったん消費税を支払ったあと申請により該当商品分を戻す還付金制という財務省案と、商品購入のさいに直接軽減するという〝目に見える〟制度を主張する公明党案が対立する構図だったが、実は水面下では違っていた。自民党の野田毅《たけし》党税調会長と公明党の北側一雄副代表の間では早い段階に財務省案で合意。公明党の山口那津男代表や井上義久《よしひさ》幹事長もこれを了承していた。

ところが「読売新聞」と「日経新聞」がこれを報道したことで事態は一変する。おそらく詳細が伝わっていなかったのだろう、創価学会が激怒した。前出の中野潤氏によれば、学会幹部は「我々にとっては集団的自衛権や安保法よりも（軽減税率が）重要な問題だ」と語っていたそうだ。

佐藤副会長（広宣局長）は菅官房長官に電話を入れ、「こんな案では組織（学会）は持たない。参院選挙の協力も空中分解だ」と伝えたという。公明党内部にも激震が走る。巻き返しへと動く。

「佐藤氏が菅官房長官と連絡を取り、次期参院選の選挙協力拒否をちらつかせながら、〝財務省案の撤回〟を要求した。公明党内では当初、山口代表、北側副代表ともに、財務省案でやむなしという方針だったが、公明党幹部も引けなくなった」（『アエラ』16年1月25日号）

公党間の合意を創価学会が逆転させたのだ。安倍首相は財務省案に固執する野田税調会長を更迭して創価学会の要求を受け入れたのである。

――事程左様。宗教団体である創価学会執行部が官邸との直接協議によって選挙協力を決め、法案の中身を決め、政局を動かすことが常態化しているのだ。

日本国憲法・信教の自由と政教分離原則

第二〇条　信教の自由は、何人に対してもこれを保障する。いかなる宗教団体も、国から特権を受け、又は政治上の権力を行使してはならない。
② 何人も、宗教上の行為、祝典、儀式又は行事に参加することを強制されない。
③ 国及びその機関は、宗教教育その他いかなる宗教的活動もしてはならない。

問われる憲法との整合性

憲法は20条で信教の自由と政教分離原則を定めている。政教分離については20条3項で「国及びその機関は、宗教教育その他いかなる宗教的活動もしてはならない」と述べ、20条1項後段では「いかなる宗教団体も、国から特権を受け、又は政治上の権力を行使してはならない」と述べている。一般に憲法は権力を縛るものとされるが、政教分離については国と宗教の双方にその遵守を求めている。

政教分離問題は創価学会と公明党にとってアキレス腱だとされる。だからだろう、選挙が近づくと信者を選挙活動に駆りたてることへの弁明じみた解説＝宗教・政治・選挙論が、しばしば登場する。16年参院選挙前には青年部機関紙「創価新報」が、こんな幹部座談会を載せた（16年4月20日付）。

「選挙が近づいてくると、政治と宗教の関係について、騒ぎ立てる勢力があるが、もう一度、ここで確認しておきたい」

「そもそも『政治参加の権利』は、憲法で全国民に等しく認められている。基本的人権の柱です」

「憲法でうたわれる『政教分離』の原則にしても、国民の『信教の自由』を保障するためのものです」

「『政教分離』の原則について、その眼目は、あくまで『国家の宗教的中立性』という点にある」

「あくまで『国家権力が宗教に介入しないこと』であり、『宗教団体が政治活動や選挙運動することを阻害するものではない』ということですね」

「国会の場において、内閣の『憲法の番人』ともいうべき歴代の内閣法制局長官が、何度も明言しています」

「たとえば1999年7月、当時の大森政輔《まさすけ》長官は……『宗教団体が政治活動をすることをも排除している趣旨ではない』と国会で答弁している」

「そのほかにも、『宗教団体の政治活動を制限するものではない』『(宗教団体の政治活動は)表現の自由の一環として尊重されるべき』等々、これまで、歴代長官による見解は一貫している。それは、今に至っても全く変わっていない」

この論理構成はそれまでの同種特集記事とほとんど変わりがない。だがこの論理には詭弁とスリカエがある。たとえば「全国民に等しく認められている」政治参加の権利は、信者（学会員）に対しても等しく認められるべきだろう。「功徳がある」などという宗教的強制力によって信者の政治参加の自由を制約することが許されるのかどうか。本章前半でもふれたように、公明党支持に異を唱えて学会の役職を解かれたり「村八分」にされることがあってよいのかどうか。学会の座談会で、公明党候補の名前を書く練習をしたということも、すでに公表されている。大森長官の国会答弁も「政治活動」一般についてであり、「選挙活動」とは言っていない。

「創価新報」はこれを政教分離原則とのかかわりで論じている。もちろんその点でも大いに問題はあるけれど、同時にこの問題は信者（学会員）個々の信教の自由（憲法20条1項前段）や思想・良心の自由（憲法19条）の視点からも検証すべきことだろう。

池田大作氏は70年5月3日の言論出版妨害に対する「お詫び講演」で、「選挙に際しても、公明党は党組織を思い切って確立し、選挙活動もあくまで党組織の仕事として行なっていただきたい」「政教分離でいけばよい」と天下に公約した。それがいま、現実に行われているのかどうか。

公明党と創価学会の政教分離は、飯島勲内閣官房参与がいみじくも語った通り、「内閣法制局の発言の積み重ねで政教分離（されたということに）なっている」のであり、「もし内閣が法制局の答弁を一気に変えた場合、政教一致が出てもおかしくない」というきわどい状況にある（本章一二六ページ参照）。

創価学会の政教分離原則にかかわる問題はこれだけではない。公明党との関係がどうかということでも宗教政党の政権参加の是非ということでもなく、創価学会自体の実際と憲法原則との整合性についてであり、これこそがいま検証されるべきことだと、筆者は考えている。

すでに述べたように、重要な政治局面では創価学会と官邸とが直接協議し、政策決定まで行っている。「公明党を介して」ではない。これがいまや常態化している。一方、憲法20条1項後段は「いかなる宗教団体も、国から特権を受け、又は政治上の権力を行使してはならない」と規定している。その整合性が保たれているのかどうかの検証である。

かつては国家神道体制のもとで国が宗教を利用した。今日、特定宗教教団が直接政治に関与し具体的に政治を動かしている。しかもそれは、自己の保身や利益のための行為だという可能性が極めて高い。消費税軽減税率の財務省案を葬るため、官邸に「このような案ではとても組織はもたない」と申し入れたり、政治関与の判断基準は「学会にとって得策」かどうかだという中野潤氏のリポート（前掲書）など、それを裏付ける材料はたくさんある。

憲法20条1項後段にもとづく厳密な検証とオープンな議論が必要だ。それはこの国に民主主義を取り戻す課題と不可分のことだと考える。

あとがき

「公明党は分かりにくい政党だ」といった声をよく聞きます。それは公明党を自立した政党として見るからではないか、創価学会を通して見ないとよく分からないのではないかと、常々考えてきました。それがこの本を書く動機のひとつになりました。

そういう視点で見る場合、本書でとりあげたことのほかにも検証すべきテーマはたくさんあります。たとえば「総体革命」という創価学会の路線です。政治、行政、司法、教育、文化から地域社会にまで人材を送り込み、そのネットワークを活用して組織を守り、影響力を拡大するというものですが、それがいま、どう機能しているかについてなどの検証です。

創価学会では今年（18年）に入ってからも、谷川佳樹本部事務総長（主任副会長）が兼任で壮年部長に就く一方で、萩本直樹主任副会長が要職とされる総東京長に就任し、同じく要職である広報室長が更迭されるといった人事が相次いでいます。このように、〝池田後〟の体制やそれにともなう路線にはまだ不透明な部分があります。

しかし、誰がリーダーになっても池田大作氏ほどの求心力は持ちえないでしょう（だからそれを補うものとして「創価学会仏」を創設し「会憲」を制定したと思われますが）。1992年に中断した形になっている本格的な税務調査がいつ、どのような形で再び行われるのかなどという難題も抱えています。だとすれば、当面は組織維持のためには政権依存の路線を継続せざるをえないのではないかと考えられます。同時に、それがまじめで素朴な信者のみなさんの不信や離反につながる可能性も否定できないでしょう。その意味で本書は「創価学会の〝変貌〟」の中間報告だとご了解ください。

創価学会については小口偉一、佐木秋夫、日隈威徳、七里和乗氏らの貴重な分析、評論があります。これら先達の業績に学び、現役ジャーナリスト諸兄の労作に教えられ、啓発されながらこの本を書きました。また、新日本出版社の田所稔社長はじめ、多くの方から貴重な助言や協力をいただきました。感謝申しあげます。

２０１８年７月

柿田　睦夫

創価学会の組織・機構

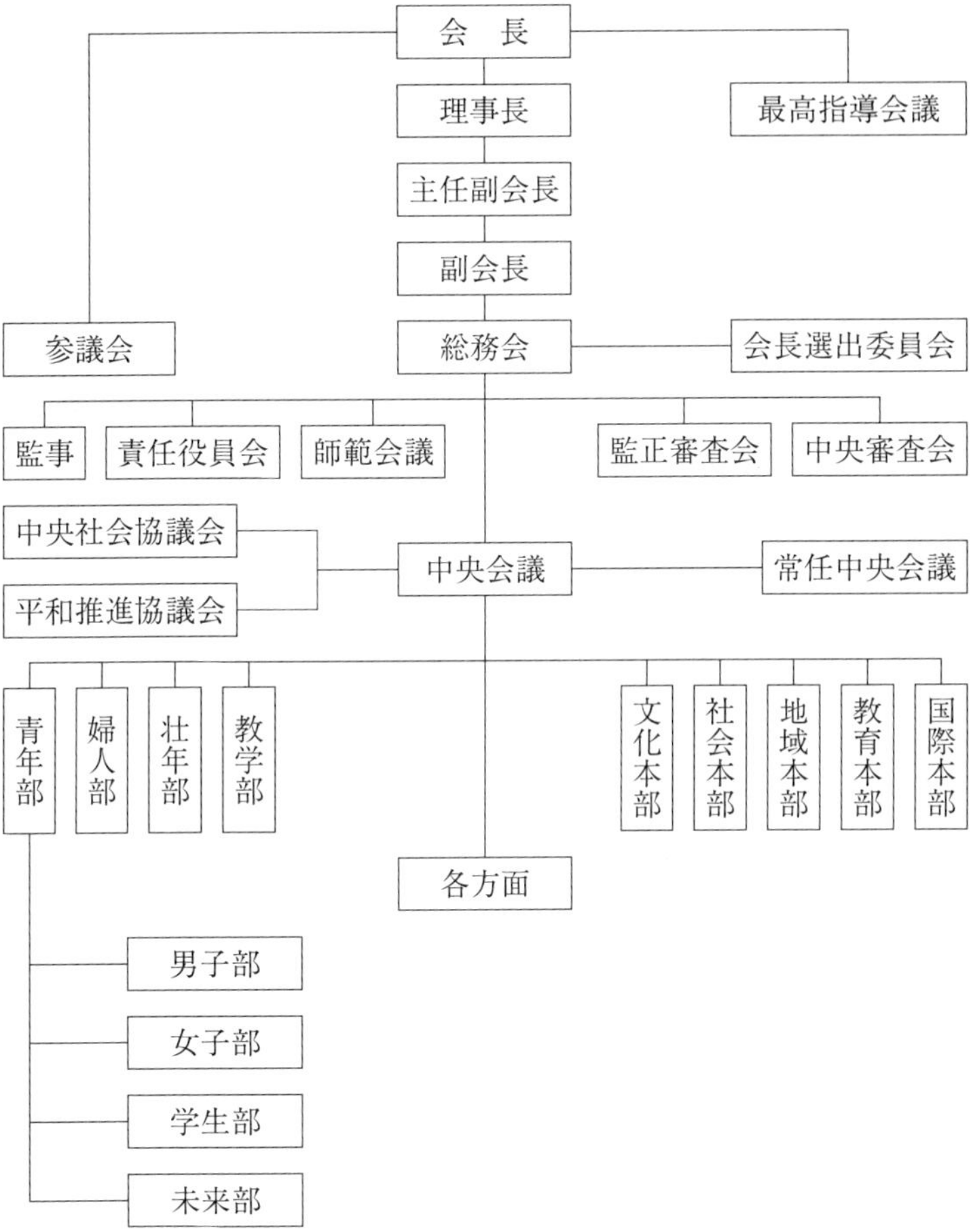

（出所）　創価学会公式 HP より。

創価学会・公明党の主要年表

	創価学会	公明党他
1930	創価教育学会発足	
31	牧口「価値論」	
43	牧口・戸田逮捕・投獄	
44	牧口獄死	
46	創価学会に改称	
47	池田入信	
51	戸田２代会長 〃 宗門に３箇条誓約	
52	宗教法人認証（都知事）	
55	都議１人、市区議52人当選	
56	参院３人当選 戸田「王仏冥合論」	
57	池田、参院大阪補選で逮捕	
58	戸田死去	
59	参院６人当選	
60	池田３代会長	
61	公明政治連盟結成	
64	27回本部総会で政党結成へ	結党
67		衆院25人当選
69	言論出版妨害発覚	練馬投票所襲撃事件
70	池田「お詫び講演」	綱領から「王仏冥合」削除
71	正本堂完成、大石寺に寄進	
74	「創共協定」調印（翌年発表→死文化）	
75	SGI発足	
77	「在家主義」路線開始 第１次「宗門戦争」	

79	池田名誉会長・北条浩４代会長	
80	宮本宅盗聴が発覚	「社公合意」
81	北条死去・秋谷栄之助５代会長	安保条約・自衛隊容認へ
89	１億7000万円金庫事件	
90	第２次「宗門戦争」 税務調査開始	
91	墓苑会計不正、ルノワール事件 宗門が創価学会破門	湾岸戦争90億ドル追加支援賛成へ
92	税務調査終結	PKO協力法賛成へ
93	池田「デエジン」発言	細川政権に４人入閣
94		羽田政権に６人入閣 新進党に合流。「公明」存続
95	秋谷、宗教法人法で参院参考人	
96	宗教法人法改正で文部大臣所管	
98	大石寺が正本堂解体	「公明」「新党平和」合流で公明党再結成
99	池田「首相公選」提唱	盗聴法賛成 「自自公」連立
2000	池田「論憲」提唱	
01	池田、言論問題を「信教の自由守る戦い」と居直り	小泉内閣入閣 テロ特措法賛成
02	会則（教義）変更 「地域友好」路線へ 池田「加憲」提唱	
03		有事３法、イラク特措法賛成 「自公」連立政権に

06	原田稔６代会長	第１次安倍連立内閣
09		山口那津男代表
10	池田「消息不明」に	
12		第２次安倍連立内閣
13	新本部ビル、広宣流布大誓堂完成	特定秘密保護法賛成
14	会則（教義）変更・「大御本尊」と決別	集団的自衛権閣議決定
15	会則前文全面改定 正木正明理事長解任	安保法制（戦争法）賛成
16	「創価学会仏」創設 「三代会長」の呼称を「先生」に	
17	「創価学会会憲」制定	「共謀罪」法賛成 衆院選で歴史的後退
18	名護市長選で新基地容認派推薦を主導	

柿田 睦夫（かきた むつお）
1944年　高知県生まれ
1979年から「しんぶん赤旗」社会部記者。2011年退職。
著書
『霊・超能力と自己啓発――手探りする青年たち』（共著・新日本新書）、『統一協会』（かもがわ出版）、『霊・因縁・たたり――これでもあなたは信じるか』（同前）、『現代こころ模様――エホバの証人、ヤマギシ会に見る』（新日本新書）、『自己啓発セミナー――「こころの商品化」の最前線』（同前）、『現代葬儀考――お葬式とお墓はだれのため？』（新日本出版社）、『宗教のないお葬式』（共著・文理閣）、『悩み解決！　これからの「お墓」選び』（新日本出版社）など

創価学会《そうかがっかい》の“変貌《へんぼう》”

2018年 9月 5日　初 版
2018年12月10日　第4刷

著　者　柿田睦夫
発行者　田所　稔

郵便番号　151-0051　東京都渋谷区千駄ヶ谷4-25-6
発行所　株式会社　新日本出版社
電話　03（3423）8402（営業）
03（3423）9323（編集）
info@shinnihon-net.co.jp
www.shinnihon-net.co.jp
振替番号　00130-0-13681

印刷　亨有堂印刷所　　製本　光陽メディア

落丁・乱丁がありましたらおとりかえいたします。

ISBN978-4-406-06278-7 C0031　Printed in Japan